地図でみる東海と日本海

紛争・対立の海から、相互理解の海へ

沈 正輔
SHIM Jeongbo

East Sea and Sea of Japan on the Map

明石書店

本書は、『영남대학교 독도연구소 독도연구총서 18 불편한 동해와 일본해』
（沈正輔、밥북、2017）を翻訳し、加筆修正を加えたものである。
© 2018 SHIM Jeongbo

0 − 1 Indiae Orientalis insularumque adiacientivm typvs
ベルギー, Abraham Ortelius, 1570 年, 35 × 50cm

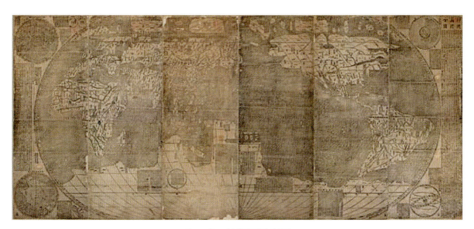

0 − 2 坤輿万国全図
イタリア, Matteo Ricci, 1602 年, 169 × 380cm

0－3　The World in Two Hemispheres
ロシア，Russian Academy of Sciences，1737 年

0－4　A Map of Marco Polo's Voyages
イングランド，Emanuel Bowen, 1744 年, 25 × 40cm

4

0－5　CARTE NOUVELLE DE LA GRANDE TARTARIE
オランダ, Nicolas Witsen, 1750 年, 54 × 97㎝

0－6　Carte d'Asie
フランス, Philippe Buache, 1772 年, 52 × 68㎝

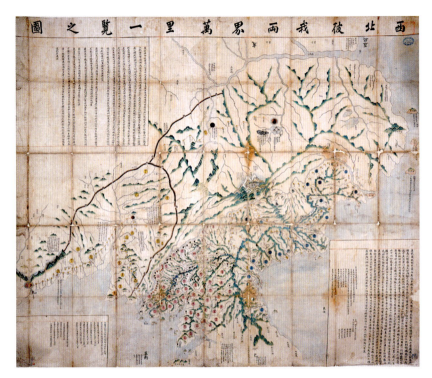

０−７　西北彼我両界万里一覧之図
韓国，作者未詳，18世紀半ば，142×192cm

０−８　天下都地図
韓国，作者未詳，18世紀後半，60×103cm

0-9　地球全図
日本, 司馬江漢, 1792年, 54×84cm

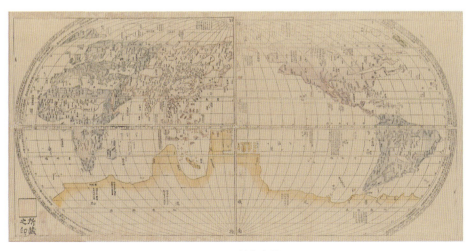

0-10　坤輿全図
日本, 稲垣子戩, 1802年, 56×116cm

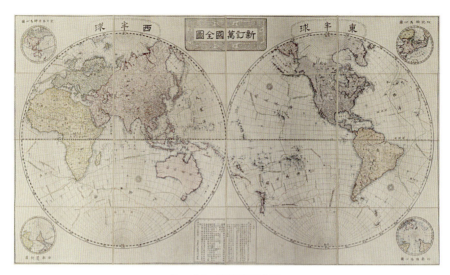

0－11　新訂万国全図
日本，高橋景保，1810年，114×199cm

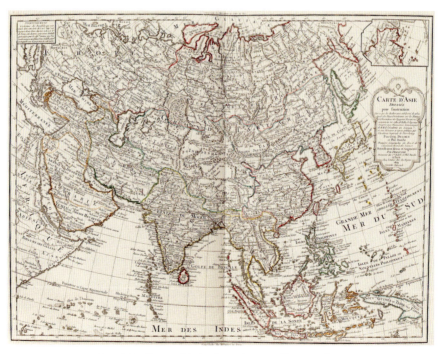

0－12　Carte d'Asie dressée pour l'instruction
フランス，J. A. Dezauche，1819年，56×77cm

0-13 地球万国方図
日本，中島翠堂，1852年，101×178cm

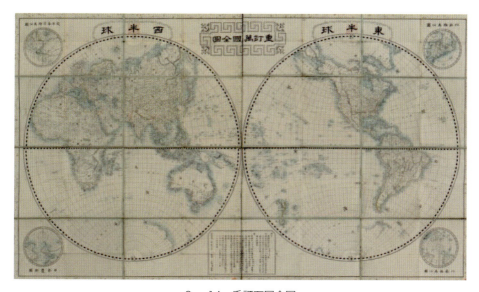

0-14 重訂万国全図
日本，山路諧孝，1855年，115×198cm

0-15　環海航路新図
日本，廣瀬保庵，1862年，101×184cm

0-16　亜細亜全図
韓国、玄公廉，1908年，23×32cm

日本語版の刊行にあたって

　韓国と日本のあいだでは、歴史と関連する政治的な葛藤が生まれ、解決に時間がかかる問題が多い。そうしたなかで、韓国と北朝鮮が 1992 年以来、国連地名標準化会議、国際水路機関などで、「日本海」という名称の不当性を指摘するようになり、両国と日本のあいだに摩擦を招いている。その影響で東洋と西洋の多くの地理学者、歴史学者、地名学者、海洋学者、地図学者などは、日本と韓半島とのあいだの海の名称に関する研究に関心をもつことになった。

　日本でも今世紀初めごろから「日本海」という名称が改めて注目されはじめ、研究者らの関心を集めるようになった。そうした中、2009 年 3 月の日本地理学会春季学術大会では、「『日本海』呼称の起源と現状」をテーマにシンポジウムが開催された。さらに 2011 年には古今書院の雑誌『地理』に、「日本海」という地名に関する特集も組まれた。その他にも、いくつかの雑誌に関連研究論文が掲載され、単行本、図録などが刊行された。しかし、「日本海」という地名関連の研究は、主に前近代に製作された古地図を中心に考察したものがほとんどと言える。

　そのなかで、韓国の西原大学校の沈正輔教授の研究は注目に値する。彼は大学院博士課程時代に、私の指導のもとで近代の日韓地理教育の比較研究を行って学位を取得した。帰国後には、10 年余り前から研究の幅を広げて「日本海」という名称の歴史的研究を続けてきた。従来、アジアや欧米の学者の多くは、前近代の古地図と古文献を中心に「日本海」という地名を研究してきたが、沈教授は近代日韓の地理教育において、この海の名称をどう教えてきたかに注目した。

　沈教授は近代日本と韓国の地理教科書に着目し、この海の名称表記の変化を時代的に考察した。その結果、近代日本では 1905 年日露戦争の勝利を契機に、伝統地名だった「北海」に代わり「日本海」が定着し、韓国では伝統地名の「東海」に代わって、1905 年の第 2 次日韓協約と 1910 年の日韓併合以降、日本に

よる植民地政策によって全ての地理教材に「日本海」が表記されるようになった過程を明らかにした。他方、韓国では、植民地化とつながる「日本海」という呼称への反感のために、1907年に作詞された愛国歌の最初の部分に出てくる「東海」という地名の意味も考察した。

　本書は、これまでの研究成果を基に東洋と西洋で呼称された「日本海」と「東海」という名称の発生から定着、紛争と解決に向けた努力までを歴史的に考察している点に大きな特徴をもつ。なお本書は、2017年4月に韓国語で出版された『不都合な東海と日本海』の日本語版を、『地図でみる東海と日本海—紛争・対立の海から、相互理解の海へ』と改題して出版したものである。内容の構成は、ほとんど同じであるが、日本語版では、序章に地名論争の事例として、日本および英国を加え、第5章では新たに発見された資料をもとに、「日本海」を卑下するウサギの形の地図表現の考察が追加されている。

　著者はまえがきで、この本の執筆に当たり政治性を排除して、一人の研究者としての立場での執筆を心がけたと言う。また、「日本海」の表記をめぐり事実を中心とする歴史認識を重んじ、紛争と対立の海から相互理解と交流の海に生まれ変わることを期待するとも明言している。日本と韓国では、両国に挟まれた海域の名称をめぐって政治的葛藤が続いているが、本書はその背景を歴史的に理解することが大事であるという著者の信念で貫かれている。本書が日本と韓国との間の海の名称に関心をもつ日本の読者にとって、名称の変遷史を学問的に深く理解することに、少しでも役立つことを心から願う。

2018年8月10日

広島大学名誉教授　中山修一

まえがき

　東北アジアの歴史的対立の中で、東海・日本海表記問題が韓国国内及び国外で関心の対象となったきっかけは、1992年8月にニューヨークで開催された第6回国連地名標準化会議であった。これに参加した韓国と北朝鮮代表は、国際社会において通用している日本海という表記の不当性を指摘しながら、東海と日本海の併記を初めて主張した。その後、韓国と日本では東海と日本海の地名をめぐる研究会が作られ、大韓地理学会と日本地理学会では学術大会も開かれた。世界の数多くの地名の中でも東海と日本海は国際的な論争であったため、これまで国内外の学者らによって相当な研究が進められた。

　本書は、これまで筆者が東海と日本海の地名に関心を持つ中で、関連資料を収集して分析した研究論文を中心に、政治性を排除して個人的な立場から執筆したものである。したがって、韓国人が拒否感を抱き、言及することをためらう日本海と呼ぶ地名に関する内容も含まれている。それは、読者たちに総合的な観点から東海と日本海の地名に対する正しい歴史的理解を深めてもらうためである。本書の主な内容は、東洋・西洋の古地図と古文書に見られるこの海域の名称を考察したものである。地名は退屈に感じられ、古地図は専門的だと考えられがちであるが、筆者は中高生や一般の方にも理解できるようにできるだけ内容を容易に著そうと工夫した。

　本文は、序章の「地名と紛争の物語」、第1章の「不都合の始まりと紛争」、終章の「終わりなき地名の物語」を除くと、大きく4つの章で構成されている。第2章〜第4章では、近代以前の韓国、日本、西洋におけるこの海域の地名の発生と歴史的変遷を古地図を中心に考察する。第2章の「韓国の伝統地名の東海」については、歴史的記録に見られる東海の発生について述べた。そして、現存する朝鮮時代の朝鮮全図、地方地図、関防地図、万国全図などの古地図に表記された東海の地名を扱った。これらの古文書と古地図を通じて読者たちは、韓国人が古代社会から前近代に至るまで、東海という地名を持続的に使用してき

たことを把握できるであろう。

　第3章の「日本の伝統地名と外来地名」では、伝統地名である北海の発生、そして外来地名の朝鮮海と日本海が西欧から導入されて日本の古地図に登場するまでの過程を扱った。日本の居住民たちが長らく呼称していた北海は、古代社会に発生して20世紀初頭まで日本人たちの心の中に息づいていた。そして、19世紀前後に西欧から導入されて日本の古地図に表記されはじめた外来地名の朝鮮海と日本海は、19世紀半ばから名称の競合が始まって19世紀後半までこの海域に二つの名称が共に表記されもした。このような内容を通じて読者たちは、20世紀以前まで日本において日本海の地名が定着していなかったという事実を理解することができる。

　第4章の「西洋において呼称された様々な外来地名」は、20世紀以前まで、全世界的にこの海域にはいかなる名称も定着していなかったということを示している。西洋の古地図を通じて、まず、16世紀後半から19世紀後半までについて、年代別に東海・日本海地名表記の傾向を全体的、マクロ的文脈から述べる。そして、16世紀後半にはこの海域に発生しはじめたマンジ海と中国海、日本列島東側に発生した最初の日本海などを重点的に扱う。そして、17世紀前半から西洋人が製作した古地図のこの海域に初めて日本海と韓国海が発生し、さらには混乱を招くほどに様々な類型の海の名称が使用されていたことが分かる。ひいては、読者は19世紀から西欧社会においてなぜ韓国海の代わりに日本海が広く拡散したのかに対する疑問について理解することになる。

　第5章の「近代の地理教育における日本海と東海」は、前近代とは異なり大衆的性格の強い地理教科書を中心に、当時の日本と韓国におけるこの海の名称の表記の傾向を把握したものである。日本では明治元年の翌年である1869年に最初の地理教科書が刊行され、学校現場において北海と日本海が同時に使用された。しかし、明治後期になるにつれて日本の帝国主義政策により日本では日本海表記が増加し、ついに日露戦争をきっかけに定着した。一方、韓国においては1890年代前半からアメリカ人宣教師と学部編集局が刊行した最初の地理教科書に日本海が公式表記された。しかし、近代の日本とは異なり、韓国で

は1905年の第二次日韓協約以降も、日本海が定着する方向には展開されなかった。そのような中で1910年の日韓併合をきっかけに、植民地朝鮮において東海は消え去り、日本海に統一された。1945年には日本帝国主義が幕を下ろし、韓国が日本から独立したことにより、韓国では東海地名もまた光復を迎えた。

　本書では、日韓間において論争となっている東海と日本海という地名の発生と紛争を重点的に扱った。グローバル化の時代に、韓国と日本においては海の名称の問題により反日感情、反韓感情が形成され、ひいては排他的民族主義に陥る可能性がある。このような問題を解決する方法は、他でもなく事実中心の正しい歴史認識によって相手の立場を理解することである。日韓間の東海・日本海を巡る紛争と対立の海から、交流と協力、相互理解の海へと生まれ変わることを期待している。

2017年1月 筆者

地図でみる東海と日本海◎目次

紛争・対立の海から、相互理解の海へ

日本語版の刊行にあたって　中山修一　11

まえがき　13

序章　地名と紛争の物語　23

1　地名の発生と機能　24
2　地名の政治性と論争　26

第1章　不都合の始まりと紛争　33

1　国際社会と地名標準化　34
国際水路機関　34

国連地名標準化会議　38

2　韓国の東海地名回復運動　40
東海地名に関する論議　40

なぜ東海地名なのか　43

地名の併記問題　44

3　不都合な東海と日本海　48
日本と韓国政府の論争点　48

ナムジュン・パイクの日本海表記展示作品の撤去騒動　50

鳥取県日韓友好交流碑文の東海地名削除　51

北京オリンピック閉会式の日本海表記騒動　52

東海と日本海表記製品の不買及び回収　53

アメリカによる日本海単独表記意見の提出を巡る波紋　57

ドイツにおける韓国人と日本人観光客の地名紛争　58

第2章 韓国の伝統地名の東海 **61**

1 古文書に見られる東海 62

東海地名の発生 62

広開土大王陵碑文の東海 64

文武大王陵の東海 66

文学作品の中の東海 67

2 朝鮮時代の古地図と東海 71

朝鮮全図の東海 71

地方海図の東海 77

関防地図の東海 87

万国全図の日本海と東海 89

第3章 日本の伝統地名と外来地名 **93**

1 伝統地名の発生 94

日本書紀に登場する最初の北海 94

住民たちが常用した北海 95

2 19世紀前後に登場した外来地名 97

最初に地図に表記された日本内海 97

最初の朝鮮海表記古地図 98

最初の日本海表記古地図 100

3 19世紀前半の官撰古地図と地方地図 104

官撰日本辺界略図の朝鮮海 104

官撰新訂万国全図の朝鮮海 106

官撰古地図の影響と朝鮮海 108

地方地図の北海 120

4 19世紀半ばの官撰古地図と日本海 123

官撰古地図改訂の背景 123

官撰重訂万国全図の日本海 124

5 19世紀後半の古地図における朝鮮海と日本海 127

朝鮮海表記の地球儀と古地図 128

日本列島東側の海に表記された日本海 130

一つの海域に表記された二つの海の地名 132

第4章 西洋において呼称された様々な外来地名 139

1 年代別の海の地名表記の傾向 140

2 16世紀後半の未知の東アジアと外来地名 143

中国南部の地域名称に起源を持つマンジ海 143

日本列島東側の海に表記された最初の日本海 145

中国の国号に起源を持つ中国海 147

海の名称がない古地図 148

3 17世紀以降のこの海域の様々な外来地名 150

この海域に表記された最初の日本海と日本北海 150

韓国の国号に起源を持つ最初の韓国海と韓国湾 154

西洋と対比される東方の東洋海　160

ユーラシア大陸東側の海を指す東海　165

東モンゴル人の地域名称に起源を持つタタール海　171

一つの海域における二つ以上の海の地名　173

一つの海域において東洋海・日本海などが併記された地名　182

4　19世紀前後の西洋人の東アジア進出と日本海の拡散　190

ラ・ペルーズの探検と日本海　190

クルーゼンシュテルンの探検と日本海　195

シーボルトの日本研究と日本海　198

第5章　近代の地理教育における日本海と東海　203

1　日本の地理教科書における北海と日本海　204

明治時代の全般的な傾向　204

明治初期の伝統地名の北海　206

明治初期の外来地名の日本海　207

文部省刊行の地理教科書と日本海　210

19世紀末の地理教科書と日本海　212

20世紀初頭の日露戦争と日本海地名の定着　213

2　韓国の地理教科書と東海地名の受難　217

日韓併合以前までの全般的な傾向　217

外国人宣教師が著述した韓国初の地理教科書と日本海　220

国が編纂した最初の地理教科書と日本海　223

第二次日韓協約以降の統監府の学部への関与と日本海の強固化　226

忠君愛国を願う愛国歌の登場と東海　234

問題意識の先駆者としての玄采による国語読本の執筆　237

玄采の意識を継承した子・玄公廉の地図製作　244

民間の地理教科書に見られる朝鮮海、大韓海、併記地名　252

日本海を卑下するウサギの形の地図表現　258

植民地朝鮮における朝鮮総督府の日本海標準化と
　　アイデンティティーの強要　261

戦後における韓国独立の象徴としての東海　269

終章　終わりなき地名の物語　**279**

1　韓国人が好む韓国海　280

2　第三の海の名称　283

3　東海・日本海の併記　287

参考文献　292

地図及び写真の出典　295

東海・日本海地名年表　297

あとがき　300

序章

地名と紛争の物語

　人の名前や土地の名称は人々によって付与されるもので、そこには個性とアイデンティティーが込められている。ほとんどの場合、地名は普通名詞から発生するが、地図に表記されると固有名詞となる。地名には、人々に特定の地域の位置を認識させ、情報を保存及び伝達する機能がある。ところが、地名は政治性がともなって提起され改称されると、その前後に関係者間の問題へと発展してしまうテーマとなる。東海は普通名詞から固有名詞としての地名へと進展したものであるが、近代日本の帝国主義と植民地主義の影響によって、現在、ローカル、ナショナル、グローバルのスケールにおいて地名の問題が持続的に発生している。

1 地名の発生と機能

　地名とは、地球上の大小の様々な土地に付与された名称である。地表上の地名は大きく自然地名と人文地名に分類され、指し示す範囲によって階層性を持つ。例えば、人間の生活と関連するものでは、最も広範囲な地名は地球であり、その下に複数の大州と海洋の名称、そして国及び行政地名に分けられる。

　地球上の数多くの地名は、人間の生活の中で、その必要に応じて付与されたものである。ローカルスケールにおいて、人口が少なく文明が発達していなかった時期に発生した地名は、単純であり数的に多くなかった。つまり、普通名詞に当たる山、河川、野原、湖、海、島などが、地域を認識する手段となった。人々が、互いに異なる山と河川を全て同じように「山」、「河川」と呼称しても問題にはならなかった。しかし、対象がさらに増えて多様になるにつれて分類と伝達上の困難が発生し、形容詞が付加された普通名詞地名が成立することになった（田辺裕, 2011）。例えば、地域の人々は大きな山と小さな山、前の山と裏山、南の山と北の山、近くの山と遠い山、青い山と茶色の山などのように、対象物の大きさ、方向、距離、色彩によって形容詞が付加された普通名詞地名を使用して地域を認識した。

　しかし、交通と通信が発達して人々の生活空間と交流が次第に拡大するにつれて、形容詞が付加された普通名詞地名も混乱を招くようになるなど、その機能には限界があった。そのため、世界の人々が共通して認識し、共有できる標準化された固有名詞地名が求められるようになった。固有性を持つ地名は、普通名詞地名から進展する場合もあり、また外部の人々によって新たに命名されたり、別の第三の名称に改称されることもある。北海と東海は、普通名詞から発生して固有名詞地名に進展した代表的な例である。普通名詞が地図に表記されると、それは固有名詞地名となる。しかし、地球上には固有名詞地名が人の

名前のように複数存在する場合もある。

　地名の主な機能は、特定地域の位置の認識と様々な情報を保存及び伝達することである。このような機能は、普通名詞よりも固有名詞地名に明確に現れる。まず、地名の位置認識は古今東西を問わず地図を通じて可能である。地図と地名は車の両輪に喩えることができるように、地域認識において必須不可欠の要素である。日常生活において使用される地名がどこを指すのかは、地図上に表記されてこそ初めて明確になる。過去の古地図と現在の紙の地図、そして自動車、船舶、航空機などの通行に使用されるデジタル地図においても、地名は欠かすことのできない要素である。地図に表記された地名は、人々が位置と空間を把握し、社会生活及び地域認識において主な意思疎通の道具となり、ひいては地理的移動と行動の座標軸になるため重要である。

　もう一つの機能は、地名に込められている情報性の保存と伝達である。長い間呼称された地名は、地域の人々の感情と土地の歴史を留める貴重な無形文化財である（山口恵一郎，1977）。人間が使用する様々な地名には、それぞれに発生の起源と意味が含蓄されている。例えば、地球上の数多くの地名の中には、方位・位置・地形・気候などにちなんだ地名、発見・開拓・建設・記念と関係する地名、新大陸・新開拓地の地名、そして防衛・交通・産業・産物・民族と関連する地名などが存在する。このような地名は各地域のイメージを形成し、地域を代表し、地域の歴史とアイデンティティーが内包された象徴となる。したがって、地域の人々は自分たちが暮らしている各々の地名に対して誇りを持っており、理解、保存、伝達、継承しようとする。ところが、地理性、風土性、歴史性のある地域固有の地名に政治性が作用し、地域の人々の意図とは異なる方向に名称の変更が展開されると、その前後に地名回復運動が起きることもある。

2 地名の政治性と論争

　地名は、成立過程において、すでにその土地の占有者や歴史的に関与してきた人々との言語やその土地との位置関係などの個性を持つ。したがって、人々の考え方が変わるときには、地名の改称が伴う。地名が変わるということは、その土地を占有するという確認であり政治的宣言であるため、地名自体は政治的に中立的である。しかし、地名は地名研究において政治的支配をたどって確認できるという意味では、非常に政治的な存在である。そのため地名は、改称前後に問題に発展するテーマとなる（田辺裕, 2011）。また、地名の問題は地理的、歴史的、文化的、経済的問題としてローカルスケールからグローバルスケールにかけて発生し、ときに多重的に発生するものでもある。

　ローカルスケールにおいては地名の論争と対立が最も頻繁に発生し、ナショナル及びグローバルスケールに拡大することもある。2009 年、江原道寧越郡は、西面にある仙岩村の地形が韓半島の形に似ていることから、行政地名の「西面」を「韓半島面」に変更した。また、寧越郡は 2010 年、朝鮮時代の人々を風靡した天才詩人・金サッカの遺跡と高氏洞窟がある「下東面」を「金サッカ面」に変更した。そして 2015 年には、慶尚北道高霊郡が「高霊邑」を「大伽倻邑」に、蔚珍郡が「西面」を「金剛松面」に、「遠南面」を「梅花面」に、それぞれ名称を変更した。

　これには、各自治体がその地域の知名度を高め、観光客の誘致と特産品の販売を促進したいという戦略が込められている。行政地名の変更によって成功した例もあるが、近隣自治体との間に深刻な後遺症を残したケースもある。例えば、2012 年 5 月に慶尚北道栄州市が「丹山面」の「小白山面」への変更を推進する過程において、忠清北道丹陽郡の地域社会が憤慨した。行政安全部中央紛争調整委員会は、小白山のように複数の自治体にまたがっている認知度の高い

P-1　寧越郡仙岩村の韓半島地形（2015）

P-2　丹陽郡の小白山面の改称に反対する横断幕（2012）

名山を特定の自治体が行政区域の名称として独占使用することは望ましくないとして、丹陽郡の紛争調整申請を受け入れた。このケースをきっかけに、慶尚南道咸陽郡が「美川面」の「智異山面」への名称変更を推進しようと計画していたが、それが霧散した。

　その他にも、統合市の名称、大学の統合に伴う名称、地下鉄とKTXの駅名などに関する様々な類型の名称紛争が頻繁に発生している。KTX天安牙山駅の名称のように合意が導き出された所もあるが、地域住民間の対立を招いたケースもある。例えば、2014年7月に忠清北道清州市とその周辺の清原郡が統合された際、統合後に清州市が旧清原郡五松邑に位置するKTX五松駅の名称

P−3　横浜高速鉄道のみなとみらい線の路線図

を清州駅又は清州五松駅に改称しようとした動きに対し、五松邑の住民たちが強く反発したが、公聴会や世論調査を経て、清州五松駅に最終確定した。

　日本国内でもしばしばローカルレベルで地名をめぐる論争を見かけることができる。例えば、横浜市の元町・中華街駅は2004年2月1日開通したが、元々計画段階での駅名は、横浜開港以来、由緒のある地域名称を使って元町駅とする予定であった。ところが、横浜市のチャイナタウン関係者は駅名に中華街を加えることを求めた。これに駅周辺の元町商店街の住民たちが反対し、横浜市のチャイナタウン側との間で論争が発生した。結局、元町と中華街の間に「・」をつけた「元町・中華街駅」との併記地名が最終的に決まった。これをきっかけに横浜市のチャイナタウンの観光地としての認知度やアクセスの状況が一段と向上した。

　アイルランドと国境を接しているイギリスの北アイランドでは、都市・州・行政区などの名称をデリー（Derry）にすべきか、ロンドンデリー（Londonderry）にすべきかをめぐって地名論争が続いている。ロンドンデリーは北アイランドで2番目に大きい都市で、1610年イギリス植民会社であるロンドン・カンパニーが創設されてから、アイルランド植民地経営の拠点となった。この地域は元々はデリーと呼ばれていたが、イギリスの支配下にあった1613年ジェームズ1世がロンドンの商人ギルドにこの地の植民を承認したことからロンドンデリーと呼称され始めた。こうしたことから住民たちは1960年代まで公式名称とし

P－4　北アイルランド・ティロン州・ストラバンの附近の交通表示板

てロンドンデリーを主に使いながら、昔の名称としてデリーも自由に利用していた。

　ところが、この地域は1960年代以来、少数派のカトリック教とプロテスタント教の間で宗教対立が激しくなり、武力闘争の舞台となってしまった。旧教徒はイギリスから独立してアイルランドに編入されることを望んだが、新教徒は現状のままイギリスに残ることを希望した。北アイルランド問題によってデリーとロンドンデリーの二つの地名はとうとう政治性を帯びるようになった。1960年代共和派はイギリスとの関係弱化を図り都市の名称ロンドンデリーからロンドンを削除しようとし、反対派はロンドンデリーのロンドンを維持しようとした。カトリック教中心の独立派と共和派はデリーの地名を取り戻そうとし、またプロテスタント教中心の統合派と忠誠派はロンドンデリーの地名を維持しようとしたのである。現在法律上の名称は都市と州がロンドンデリー、地方行政区画はデリーである。デリーとロンドンデリーの地名をめぐる地元住民の紛争は様々な形で表出している。一つの事例として、ロンドンデリーに不満を持っ

P-5　イランとアラビア半島の間のペルシア湾

ている過激派は黒のペイントで交通表示板に記されたロンドンデリーの字からロンドンを消そうとした。この地域の地名論争は過去の植民地の歴史、宗教的対立と結び付けられ、持続している。

　ローカルスケールにおける地名論争は、大概の場合において問題解決に至るが、グローバルスケールにおける地名論争は長期間にわたって未解決の問題のまま残っている。イランとアラビア半島の間に位置する海の名称、そして韓半島と日本列島の間の海の名称の問題が代表的な例である。まず、イランとアラビア半島の間にある海において、イランは最も長い海岸線に面しており、対岸にはイラク、クウェート、サウジアラビア、バーレーン、カタール、アラブ首長国連邦が位置している。ここは東西の交流と貿易の主要ルートであり、多くの石油資源が賦存していて利権紛争が絶えない地政学的な要所である。

　この海の名称は、紀元前550年頃からイランを中心にペルシアン・ガルフ（Persian Gulf）と呼ばれてきたが、周辺のアラブ諸国はアラビアン・ガルフ（Arabian Gulf）あるいはガルフ（the Gulf）の呼称を主張している。この地域の海の名称を巡る紛争は、イランとアラブ諸国との言語（ペルシア語・アラブ語）、民族（ペルシア人・アラブ人）、イスラム教の宗派（シーア派・スンニ派）

などが文化的に異なる点、そして政治的には1960年代以降にアラブ民族主義を打ち出した時期と一致する。中東戦争においてイランは親イスラエルを支持し、エジプトと他のアラブ諸国は親パレスチナ政策をとったが、このような対外政策が地名の使用と論争に拡大していったのである。アラブ諸国の中で、特にこの海と長い海岸線で面しているアラブ首長国連邦が地名論争の中心にいる（尚宣希, 2011）。イランを中心とするペルシア湾の名称は歴史性と正統性があるが、アラビア湾を主張する周辺のアラブ諸国とイランとの長期間の文化的、政治的衝突が海の名称表記と紛争に影響を与えている。

韓半島と日本列島の間の海における東海と日本海の名称問題も、1992年以降、ローカルとグローバルスケールにおいて地名を巡る問題が多重的に発生している。地域の人々が呼称していた地名がその地域を代表する固有地名になるのであれば、地名の問題はほとんど発生しない。しかし、ここに外部の人々が地域の人々の地理的、歴史的、文化的特性を無視して政治性を掲げて恣意的に地名を改称してしまうと、地名の問題が発生することになる。

地名の発生と紛争は、ハートショーン（R. Hartshorne）が提示した先行境界（antecedent boundary）、追認境界（subsequent boundary）、上置境界（superimposed boundary）という分類の概念と類似している。まず、先行地名は、地域の人々によって発生するため、地名の問題はほとんどない。韓国と日本において、伝統地名の東海と北海は、普通名詞から発生して自然に固有名詞地名に進展したため、長い間地名の問題は起きなかった。その反面、後から外来地名が入ってきて先行地名が改称されたり、導入された外来地名をそのまま認めて固有地名として使用する場合もある。これ

P-6　韓半島と日本列島の間の海の名称

序章　地名と紛争の物語　　31

が追認地名であり、15世紀以降、西洋の人々が旧大陸に航海することによって彼らの必要に応じて付けられた地名が大多数である。例えば、20世紀初頭に日本において、伝統地名の北海が日本政府によって日露戦争直後に西洋で発生した外来地名の日本海に公式に改称され、その名称の使用が奨励された。大韓海峡も西洋で刊行された地図に初めて表記された外来地名であるが、その後韓国に導入されて抵抗感なく定着した。

　しかし、日韓間における地名論争と対立のきっかけは、専横的に付けられた上置地名に起因する。すなわち、1910年の日韓併合以降、朝鮮総督府が植民地朝鮮の各種の地図や地理教科書、地理付図に記載されたこの海域の名称を日本海に統一したことや、さらには、国際水路局による世界の海の名称の標準化作業の結果物として完成した1928年の『大洋と海の境界（Limits of Oceans and Seas)』に日本海（Japan Sea）が掲載されたことなどは、当時の韓国の意思とは無関係になされていたため、地名の問題が潜在していた。結局、第二次世界大戦後に韓国では伝統地名の東海が復活し、北朝鮮では朝鮮東海という地名が生まれて国際社会において日本海という地名と共存する中で、韓国と北朝鮮代表が国際会議においてこの海の名称の表記に対する異議を提起したことで、近隣国間において海の名称の論争と対立が続いている。

第1章

不都合の始まりと紛争

　韓国では、解放後長らく、東海地名回復運動が展開されてきた。韓国は国際社会において東海・日本海の併記を主張しているが、一部の国民は東海より韓国海を好む傾向もみられる。東海と日本海を巡る地名の問題は、国際水路機関、国連地名標準化会議などのような国際会議において公に露呈する。また、ローカル、リージョナル、ナショナル、グローバルの各スケールにおいて行動としても現れる。つまり、韓国人の日本海地名に対する抵抗感と、これに対する日本人の敏感な反応は、国内のみならずグローバルレベルにまで、様々な形で表出している。

1　国際社会と地名標準化

国際水路機関

　1921年に設立された国際水路局（International Hydrographic Bureau, IHB）は、国際水路機関（International Hydrographic Organization, IHO）の前身である。水路学分野における国際協力は1899年のワシントン会議において始まり、1908年と1912年にはサンクトペテルブルクで会議が開かれた。世界では第一次世界大戦後、新たな海洋秩序が求められるようになった。イギリスの主導で1919年6月にロンドンにおいて24ヵ国が参加する中、第1回国際水路会議が開催された。

1－1　第1回国際水路会議（1919）の各国代表

日本は左近司政三と山口熊平がこの会議に参加して以来、現在まで主要加盟国である。しかし、当時韓国は日本の植民地であったためこの会議から除外され、世界の海の境界と海洋の名称に対する意見を提示することができなかった。

　この会議の目的は、各国の海図と水路誌の地図に同一の方式を採用し、各国の水路業務の報告と交換、そして世界の水路専門家の研究と相互交換を促進するための機会を整備することであった（芳井研一, 2002）。この会議では、フランス代表が提案した国際水路局の設立案も採択された。著名な海洋学者であるモナコ大公アルベール（H.S.H Albert）1世は、モナコに本部を設置できるように便宜を提供した。その結果誕生した国際水路局は、1921年に日本を含む19の加盟国と共に活動を開始した。加盟国は加盟国の近隣海域の海洋の名称を国際水路局に提出し、世界的な海洋の名称の統一化作業における基盤を構築した。

　国際水路局のその地位は、国際機関へと変化する。1967年に採択された国際水路機関条約に基づいて1970年に政府間で会談が行われ、本部がモナコに永続的に指定され、その名称が国際水路局から国際水路機関に変わった。1970年に生まれ変わった国際水路機関は、現在82の加盟国を持ち、韓国は1957年に加盟国となった。 通常、国際水路機関の加盟国の公式代表は、その国の水路学者または水路学の管掌となっている。彼らは技術陣と共に国際水路会議のために5年ごとにモナコで一堂に会していたが、2017年からは3年ごとに変わった。会議では、委員会と小委員会、そして実務グループを通じて国際水路機関の事業の進捗状況を検討し、その後に追求すべきプログラムが採択される。

　国際水路機関の主な目的は、海図を改善して航海を安全かつ容易にすることである。この機関が提示する設立目的の具体的な内容は、各国の海図製作機関の活動を調整すること、海図と海洋文書の統一の可能性を最大化すること、水路の測量を行い信頼できる効率的な開発方法を採択すること、水路学分野の学問と叙述的海洋誌に書かれた記述の発展を追求することなどである。

　国際水路機関の業務の一つは、各国の海図における海洋の名称とその境界の基準となる指針書である『大洋と海の境界（Limits of Oceans and Seas）』を編集して発行することである。この冊子は通常S-23（Special Publication No.23）

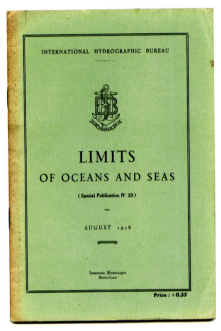

1-2　初版『大洋と海の境界』(1928)

と呼ばれ、初版が1928年に完成し、1929年に承認された。この冊子において韓国と日本の間の海域は日本海(Japan Sea)と明記されている。

当時、国際水路局はこの指針書を作成する前に1922年9月29日から11月17日まで、合わせて8回の特別理事会(special board meeting)を開催し、大洋と海に境界を引いてその試案を作成し、1923年2月15日に回覧書信の形で加盟国に配布して国際水路局の決定事項に異議がないかどうか問い合わせた。8回の理事会のうち、日本海(Japan Sea)が議論されたのは1922年10月13日の会議である。このような内容は加盟国の日本にも伝えられたが、日本は日本海の境界、そして日本海以外の周辺の海の名称及び境界に関する修正案を数回にわたって提出した(国立海洋調査院, 2010)。

当時、西洋ではこの海域の名称に日本海を使用する頻度が高かったため、国際水路局の試案にも日本海が自然に登場したものとみられる。日本は国際水路局の回覧書信で日本列島南端の東シナ海を東海(Tung Hai)に変更するようにしたが、日本海(Japan Sea)の名称に対しては異議を唱えなかった。これを踏襲してS-23の1937年の第2版と1953年の第3版では、韓国とロシア、日本列島に囲まれた海の名称が続けて日本海(Japan Sea)と記載された。韓国は、初版と第2版が出たときは日本の植民地で、第3版が発刊されたときは朝鮮戦争によって混乱していた時期であった。

このような状況で、韓国は国際水路局にこの海域の名称の修正を要求できなかった。もし韓国が日本の植民地でなかったら、国際水路局は三面が海である

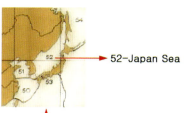
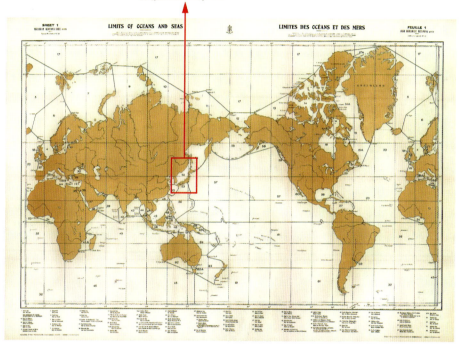

1−3 第3版『大洋と海の境界』(1953) の日本海

韓国にも回覧書信を配布してこの海の境界と名称に対する意見を訊いたはずである。この場合、韓国は当然、この海域の名称に対する明確な立場を国際水路局に伝えたであろう。しかし、当時韓国は日本の植民地であったため、国際水路局の業務が進められていることを全く知らなかった。

　この指針書は、全世界の海域の水路学的境界と地名を統一したもので、その後の海の名称表記に関して世界的な標準となった。世界の地図製作会社は『大洋と海の境界』に提示された海域の境界と地名を援用するため、ここに表記された日本海という地名は国際的な拡散と定着の決定的なきっかけとなった。20

世紀になり、海の名称を国際的に整理する重要な国際会議が、当事国である韓国の不参加の下で行われたのである。したがって、東海地名問題は日本の植民主義と密接な関連がある。これによって、国際社会におけるこの海域の名称は長きにわたり日本海が通用された。

　国際水路機関は、1977年に併記要求の根拠となる技術決議 A4.2.6 を採択した。韓国は 1997 年の第 15 回国際水路機関総会において、日本海という地名は日本帝国主義の名残りであり、かつてこの海域では様々な名称が使用されていた点などを理由に東海・日本海の併記を提案した。その後、5 年ごとに開催される総会において韓国と北朝鮮は東海・日本海の併記を繰り返し主張しているが、日本の強い反対によってこの問題は現在まで解決していない。そのため、第 4 版『大洋と海の境界』は出版が先送りされている。

国連地名標準化会議

　国連の傘下には、地理的名称の統一、標準化、そして推奨のための国連地名標準化会議（UNCSGN）と地理学的名称に関する国連専門家グループ（UNGEGN）が発足した。すなわち、第二次世界大戦後に国際社会は国内外的な地名の標準化に合意し、1959 年に国連経済社会理事会（ECOSOC）の決議案が採択され、国際的協議体が構成された。

　第 1 回国連地名標準化会議が 1967 年にスイスのジュネーブで開催されて以来、5 年ごとに会議が定期的に開催されている。この会議は、基本的に国内的・国際的な地名の統一と標準化を奨励し、個別化された地名情報の国際的共有及び拡散を主な業務としている。地名の標準化に関連し、国際社会の中央監督機関の役割も遂行している。

　地理学的名称に関する国連専門家グループは、1975 年の第 2 回国際連合地名標準化会議において、地名標準化作業を学問的、技術的にサポートするための補助的機関として設立された。地理学的名称に関する国連専門家グループ、国連地名標準化会議において採択された決議案を履行するために、そして主な活

動が確実に持続されるように、国連地名標準化会議が開催される年とその中間（5年に3回）に開催される。地理学的名称に関する国連専門家グループの目標は、地名辞典、地図帳、Web基盤のデータベース、地名指針などを通じて各国の標準化された地名を広く普及させ、このような名称を使用するように国際社会に推奨することである。ローマ字ではない地名は、学術的基盤に基づいてローマ字システムを使用する。

　韓国と北朝鮮は、1991年の国連同時加盟後、1992年8月にニューヨークで開催された第6回国連地名標準化会議において、慣行的に国際社会において通用されている日本海という地名の不当性を公式に提起した。すなわち、韓国と北朝鮮代表は、韓国と日本列島の間の海の名称を日本海と単独表記することは植民主義の結果であるため、東海又は東海・日本海と併記すべきであると主張したのである。韓国は5年ごとに開催される国連地名標準化会議においてこの海域の海の地名表記問題に繰り返して言及しているが、この問題は現在まで解決されていない。

2 韓国の東海地名回復運動

東海地名に関する論議

1945 年の独立後、韓国政府は 1947 年から持続的に英文版韓国全図を製作し、世界各国及び図書館に配布して韓国を紹介し、広報してきた。そのうちの一つの地図を紹介すると、朝鮮戦争が終わって 1956 年に外交部公報処が製作した英文版韓国全図（The Republic of Korea）には、韓国の領土と行政区域、河川、主要道路と地方道路、鉄道、主要都市などが全てローマ字で表記されている。地図に表記された韓国周辺の海の名称は、黄海（YELLOW SEA）と東海（EASTERN SEA）、大韓海峡（KOREA STRAIT）となっている。

1965 年の日韓漁業協定の締結において、日韓両国は韓国と日本の間の海の名称表記について合意に至らなかった。そのため、両国は東海と日本海を自国語の協定文書においてそれぞれ別々に使用することを決定している。1970 年代には、日刊新聞において東海表記問題が、すなわち海外留学を経験した学者と記者らによって、国際社会において通用されている日本海表記の不当性が指摘されはじめた。

1980 年代後半からは、世界的な自由化の波が押し寄せる中で、この海に接する韓国、北朝鮮、日本、ロシア、中国などの近隣諸国間で、この海域における経済協力と交流が一層活発に行われるようになった。日韓間の国際学術大会においては、この海域の経済開発協力以外に、海の名称として「環東海圏」と「環日本海圏」などに関する議論もあった。

1991 年 12 月には豆満江流域開発事業に関連し、国連開発計画（UNDP）の文書にこの海域が日本海（Sea of Japan）と表記されたことに対する問題提起

40

1－4 韓国全図（1956）の東海

호　외　　　　**官　　報**　　　　1965. 12. 18 (土曜日)　(13)

단, 조업 기간은 6월 1일부터 12월 31일까지로 하며, 조업 구역은 대한민국의 경상북도와 경상남도의 경계선과 해안선의 교점과 북위 35도30분과 동경 130도의 교점을 연결하는 직선이남(단, 제주도의 서측에 있어서는 북위 33도30분이남)의 수역으로 한다.

(e) 대한민국의 어선과 일본국의 어선의 어획 능력의 격차가 있는 동안, 대한민국의 출어척수 또는 통수는 양 체약국 정부간의 협의에 따라, 본 협정의 최고 출어 척수 또는 통수를 기준으로 하고 그 격차를 고려하여 조정한다.

2. 어선 규모

(a) 저인망 어업 중에서

(ⅰ) 트롤 어업 이외의 것에 대하여는 30톤이상 170톤이하

(ⅱ) 트롤 어업에 대하여는 100톤이상 550톤이하

단, 50톤이상의 어선에 의한 저인망 어업(대한민국이 [東海]에서 인정하고 있는 60톤 미만의 어선에 의한 새우 저인망 어업을 제외함)은 동경 128도 이동의 수역에서는 행하지 아니한다.

(b) 선망 어업에 대하여는 망선 40톤이상 100톤이하

단, 본 협정 서명일에 일본국에 현존하는 100톤이상의 선망 망선 1척은 당분간 예외로 인정한다.

(c) 60톤이상의 어선에 의한 고등어 낚시 어업에 대하여는 100톤이하

1－5　官報韓国語版（1965）の東海

2. 漁船規模

(a) 底びき網漁業のうち

(ⅰ) トロール漁業以外のものについては30トン以上170トン以下

(ⅱ) トロール漁業については100トン以上550トン以下

ただし、50トン以上の漁船による底びき網漁業（大韓民国が[日本海]において認めている60トン未満の漁船によるえび底びき網漁業を除く。）は、東經128度以東の水域においては、行なわないこととする。

(b) まき網漁業については網船40トン以上100トン以下

ただし、この協定の署名の日に日本国に現存する100トン以上のまき網船1隻は、富分の間例外として認められる。

(c) 60トン以上の漁船によるさばつり漁業については100トン以下

3. 網目(海中における内径とする。)

(a) 50トン未満の漁船による底びき網漁業については33ミリメートル以上

(b) 50トン以上の漁船による底びき網漁業については54ミリメートル以上

(c)まき網漁業、あじ又はさばを対象とする漁柄の身網の主要部分については30ミリメートル以上

1－6　官報日本語版（1965）の日本海

がなされ、韓国では関連省庁会議の開催及び官民の専門家による意見のヒアリングが行われた。1992年7月には、外交部、交通部、文化部、公報処、教育部などの関連省庁会議が開催され、国際社会においてこの海域の名称を東海（East Sea）と表記することが公式に決定された。

　このような時代的背景の下で、韓国政府は1991年の国連加盟後、1992年8月にニューヨークで開催された第6回国連地名標準化会議において初めて東海表記問題を公式に提起したのである。この会議において韓国と北朝鮮は、国際社会において広く通用されている日本海単独表記の不当性を指摘すると同時

に、東海表記の正当性を主張した。それ以降、東海と日本海を巡る地名表記問題が本格的に発生し、現在に至っている。

なぜ東海地名なのか

東海表記に対する韓国政府の立場は、歴史性、土俗的な地名優先の原則、そして国の名称の不適合性などを考慮したものである。一部の韓国人が主張している韓国海と比較したときの、東海地名の正当性は次の通りである。まず歴史性として、東海は韓国人が2000年以上使用してきた名称で、韓国の複数の古文書と古地図で確認できる。しかし、韓国海は1615年にポルトガルのゴディーニョが製作したアジア地図に初めて登場する地名であり、東海と比較した場合、その発生時期がかなり後になる。東海は韓民族と歴史を共にしながら、開化期と植民地時代に受難を経験したが、日本からの独立と同時に復活して現在まで使用されている伝統地名である。一方、韓国海は近代に入り日韓併合以前まで朝鮮海や大韓海などの名称で一時期使用されたものの、定着せずに消滅した。地名の発生時期、使用場所及び主体、国際機関の勧告などを考慮すると、伝統地名である東海表記が望ましいのである。

第二に、東海は外来地名（exonym）ではない土俗的な地名（endonym）だという点である。現在も東海は7500万人の韓民族が使用しているが、韓国海は誰一人として使用していない。国際社会は地名の制定に関連し、当該地域の住民たちがどのような地名を使用しているか、またその地名がどれだけ長い間使用されてきたかを重要な原則としている。最近、地理学会では土俗的な地名が外来地名よりも優先して表記されるべきであるという主張が広がりつつある（朝鮮日報, 2009年9月4日付）。したがって、この主張を応用すると、韓国海は外部で生まれて外部の人々によって呼称され消えていった外来地名に過ぎないため、土俗的な地名である東海を優先的に使用するのが妥当であろう。

最後に、複数の国ぐにに囲まれた海域の名称として、国名が入ったものは適していないという点である。韓国が日本海という地名の不当性を指摘する理由

第1章　不都合の始まりと紛争　43

の一つは、日本という国名が入っているためである。海の名称の中にはインド洋、フィリピン海、メキシコ湾、ノルウェー海などのように国名が入っていても近隣諸国との間に地名問題がない所もあるが、一国であれ自国と接する海の地名に不満を持つ場合、地名紛争が発生する。序章で述べたアラビア半島とイランの間の海の名称、「ペルシア湾」がそうである。国際社会で通用されている日本海も、韓国人の情緒、つまり日本の帝国主義と植民地主義の歴史から、韓国人は強い抵抗感を抱いている。したがって、韓国政府は韓国海ではなく、国名と無関係の東海という表記を主張しているのである。

地名の併記問題

　東北アジアの歴史的対立の中でも、日本との東海表記問題はマスコミで持続的に報道されている。この問題がマスコミで取り上げられるたびに必ず言及されるものの一つは、なぜ韓国は国際社会において東海単独表記ではなく東海・日本海の併記を主張しているのかに関する内容である。一部の韓国人は、国際社会において東海・日本海の併記ではなく、東海単独表記を主張し、それを貫徹させるべきだとしている。これに対して韓国政府は、これまで日本海が国際社会において慣行的に広く使用されてきた現実、併記を勧告している国際決議、併記の実現可能性などを勘案し、東海・日本海の併記を推進してきた（外交部ホームページ, 2016 年 8 月 10 日閲覧）。これらの主な内容を整理すると、次の通りである。

　第一に、国際社会においては、20 世紀以降、長い間日本海の名称が慣行的に広く通用してきた。韓国人は日本海の名称に対して抵抗感があるが、日本人と他の外国人はこれといった感情もなく日本海の名称を受け入れて使用している。むしろ彼らにとっては、長い間日本海と呼称してきたため、日本海が慣れ親しんだ地名であろう。このような状況で、韓国と北朝鮮がある日突然、日本海の名称はかつての日本の帝国主義、植民地主義の名残りであるから、この海の名称を全て東海に統　すべきであると論理的に説明したとしても、現実的に

44

妥当性は不足している。私たちの日常生活や国際社会においてある主張を提起するときには、実現可能であり、また論理性、合理性、妥当性などを備えていなければならないということである。

　第二に、東海・日本海の併記の主張は、これを裏付けるだけの国際水路機関と国連地名標準化会議などの国際機関の決議をはじめとする長い歴史を持つ国際地図製作の慣行を根拠としている。この海域は、韓国、北朝鮮、日本、ロシアの4ヵ国と接しており、特にこれら諸国の領海と排他的経済水域（EEZ）から構成されている。これは、この海域において複数の国々が管轄権又は主権的権利を共有していることを意味する。2ヵ国以上の国が共有している地形物に対する地名表記は、一般的に関連諸国間の協議を通じて決定される。もし地形物の名称表記に対する合意に至ることができない場合、地図にはそれぞれの国において使用する地名を併記する。このような地図製作の一般原則は、国際水路機関と国連地名標準化会議の議決においても確認できる。

　すなわち、国際水路機関（IHO）は、1974年に地名の併記に関連し、次のように技術決議 A4.2.6（地理的名称の国際的標準化）を採択している。

　　2ヵ国又はそれ以上の国が湾、海峡、水道又は諸島などの地形を異なる名称で共有している場合、これらの国は、当該地形の単一の名称に合意するために努力するよう勧告している。しかし、これらの国の公用語が異なり、共通の名称の形に合意できない場合には、技術的な理由から小縮尺地図を除き、当該言語それぞれの形の名称（例：イギリス海峡／ラ・マンシュ）が海図と刊行物に受け入れられるべきであると勧告している。

また国連地名標準化会議（UNCSGN）も、1977年に1ヵ国以上の国の主権に関連する地形物の名称について、次のような決議 III/20（単一の主権を越える地形物の名称）を採択している。

一つの国以上の主権の下にあるか、2ヵ国又はそれ以上の国によって分割された地形の国際的標準化に対する必要性を考慮し、

1　異なる名称でそのような地形を共有する諸国は、できる限り当該地形に対する単一の名称を定める合意に達するように努力することを勧告する。

2　さらに、地形を共有する諸国が共通する名称に合意するに至らなかった場合、関係各国によって使用される名称が受け入れられることが、国際地図作製の一般的な規則になるべきであると勧告している。他の地名を排除したまま、一つの地名だけを受け入れる政策は、実際に不当であるだけでなく、原則的にも矛盾したものであるとみることができる。ただし、技術的な諸理由により、特に小縮尺地図の場合、特定の言語や他の諸言語に属する特定の名称の使用を排除する必要があることは認めている。

　このように、地名標準化の対象は、2ヵ国以上の国が共有している地形物を巡り関係各国が互いに異なる地名を使用する場合である。これについて、国際水路機関と国連地名標準化会議の決議は非常に類似したものである。すなわち、関連各国は互いに隣接する特定の地形物に対して合意を通じて共通の単一の名称を見つけるために努力し、もし両国が一つの地形物に対して共通の名称を導出することができない場合は、地図の上にそれぞれの国において使用する地名を共に表記しなければならないというものである。実際に、国際水路機関はイギリスとフランスの間の海の名称である、イギリス海峡／ラ・マンシュ（English Channel/La Manche）を例に挙げている。

　しかし、日本は地名の標準化に関し、国際水路機関及び国連地名標準化会議の決議は、韓国と日本の間の海には適用されないと主張している。つまり、これらの決議は主権が及ぶ（under the sovereignty）海域のみに適用されるため、この海のような公海（high sea）には適用されないというのである。日本のこのような主張は、これらの決議を誤って解釈したところに起因する。日本は、2ヵ国以上の主権の下（under the sovereignty of more than one country）に

ある地形のみを地名の標準化が適用される地形であると判断し、この海は主権が及ぶ海域ではないため、上記の決議が適用されないと主張しているものと思われる。決議は、主権の下にある地形だけでなく、2ヵ国以上によって分割された地形にも適用される（朴賛鎬, 2012）。

この海域は、国連海洋法条約第122条に規定された半閉鎖海（semi-enclosed sea）に該当する。半閉鎖海とは、湾、内湾、海で、2ヵ国地上によって囲まれており、同時に狭い出口によって他の海又は外洋につながっている。全部又は大部分が複数の沿岸国の領海や排他的経済水域からなるものをいう。国連海洋法条約は、半閉鎖海に面している国に対して、海洋と関連して特別な権利を認めるものではない（石油・天然ガス用語辞典, 1986）。

日本がこの海を公海であると主張することは、沿岸国の領域と主権が及ばない国際法上全ての国に開放された海域とみるものである。しかし、この海は沿岸国の排他的経済水域であり、第三国の航海は認められるが、全ての海域が公海ではない。日本が韓国と日本の間の海を公海とみなし、国際機関の決議が適用されないと主張するのは望ましくない。したがって、日韓両国がこの海を巡って共通の単一名称に合意するまでは、各国において使用する東海と日本海を地図上に併記することが、国際機関の決議や国際的慣行に符合するものである。

第1章　不都合の始まりと紛争　47

3 不都合な東海と日本海

日本と韓国政府の論争点

　現在、韓国と日本の間では、地図上における東海と日本海の表記を巡って、1992年以降地名の問題が持続している。日本海表記の正当性に対する日本の主張は、外務省ホームページに詳細に掲載されている。日本と韓国の主張は表1のように要約でき、その内容を説明すると次の通りである。

　第一に、日本は外務省の調査結果に基づいて18世紀まで欧米の古地図には日本海以外にも朝鮮海、東洋海、中国海などの複数の名称が使用されていたが、

表1　日本と韓国政府の論争点

主張	日本	韓国
1	日本海は、国際的に確立した唯一の呼称である。これは、外務省が実施した世界各国の古地図調査を通じても明らかにされている。	日本海の名称が国際的に確立されているという日本の主張は事実と異なる。
2	国連やアメリカをはじめとする主要国政府も日本海の呼称を公式に使用している。	日本海が国連において公式の呼称として承認されているという日本の主張は事実と異なる。
3	最近になって、突然日本海の単一呼称に対してごく一部の国から異議が提起されはじめたが、この主張には根拠がないため日本は断固として反論している。	韓国は日本海の単独表記を公式に認めたことがなく、東海という名称の回復のために政府と民間が持続的に努力してきた。

19世紀初頭から日本海という名称が他の名称に比べて圧倒的に多く使用された事実が確認されるため、日本海は19世紀初頭に欧米の人々によって確立されたものとみている。

韓国も欧米の主な図書館に所蔵されている古地図を調査したが、その結果、19世紀以前の西洋の古地図のうち半数以上がこの海域に何の名称も表記されていないことが明らかになっている。また、19世紀初頭には日本が主張するように西洋の古地図に日本海という表記が増加するが、日本海以外に他の名称も使用されている。これは、当時国際社会においてこの海の名称が地図上に定着していなかったということを物語っている。また、日本の古地図において、日本海の名称は19世紀まで日本国内においてさえ確立されていなかったものとみている。

第二に、日本は、国連が2004年3月に日本海が標準的地名であることを認め、国連の公式文書においては標準的地名として使用すべきであるという方針を公式に確認しているとしている。さらに、アメリカ政府機関のアメリカ地名委員会は、日本海について委員会が認める唯一かつ公式の名称であることを正式に決定した後これを公表しており、アメリカの全ての連邦政府機関も日本海の使用を義務付けていると述べている。また、イギリス、フランス、ドイツ、中国など主要各国の政府も日本海の呼称を公式に使用していると述べている。

これに対して韓国は、日本海という名称の使用は国連ではなく国連の主要機関の一つである国連事務局であり、同機関の日本海表記の使用は192の国連加盟国とは無関係であると主張している。国連事務局は、紛争地名に対する二国間の合意に至るまでは、最も広く使用されている名称を使用するという事務局内部の慣行に従い、日本海の単独表記を使用しているというのである。また韓国は、アメリカなどの主要国はこの海域の名称に対して日韓間の合意を望んでおり、ただ合意が導出されるまでは現在の日本海表記の慣行を維持するという立場を確認している。

第三に、日本は、なぜ今になって一部の国が日本海という名称に異議を提起するのかと問題にしている。韓国と北朝鮮が国際社会において日本海の名称に

異議を唱えはじめたのは、1992年8月の第6回国連地名標準化会議が初めてである。それ以前は二国間、国際会議の場において日本海の名称に対して異議を提起したことがなかったのに、突然韓国と北朝鮮は国際社会で使用されている日本海の表記を東海という名称に変更するか、又は日本海と東海を併記すべきであると主張しはじめたというのである。

　韓国は独立後、政府の樹立、朝鮮戦争からの復興、経済発展といった過程を経ながら国を再建する中で、東海表記が正当に反映されるように持続的に努力してきた。また、民間レベルでも東海という地名を回復するための様々な活動に取り組んできた。こうした努力が続けられていた状況で、韓国は1991年に国連に加盟し、1992年の国連地名標準化会議において東海表記問題を国際社会に公式に提起したというのである。

ナムジュン・パイクの日本海表記展示作品の撤去騒動

　ナムジュン・パイクは、日本とドイツに留学し、西欧で活動したビデオアートの先駆者又は父と評される芸術家である。2006年4月5日から、果川市にある国立現代美術館の展示スペースにおいて、ナムジュン・パイクの韓国現代ドローイング展が開催された。ナムジュン・パイクのドローイング5点の中で、古地図にフランス語で韓国と日本の間の海が日本海（Mer Du Japon）、現在の東シナ海が韓国海（Mer Du Coree）と表記されている作品が展示された。この作品に使用された古地図は、19世紀にフランスで製作されたものである。作者は、ドイツの行為美術家ヨーゼフ・ボイスとの関係を象徴的に表現した。

　このとき国立現代美術館の関係者は、この海域に日本海と表記された作品に対して市民からの抗議が相次ぐと、この作品を4月下旬に撤去した。ナムジュン・パイクの甥は、撤去された作品について、一つの芸術作品として理解して認めて頂きたいとの意向を表明したが、国立現代美術館側は韓国人の情緒を考慮してこれ以上この作品を展示することはできないとし、他の作品に差し替えた。

1-7　ナムジュン・パイク作品の日本海

鳥取県日韓友好交流碑文の東海地名削除

　日本の鳥取県は本州の南西部に位置する。韓国の江原道と日本の鳥取県は姉妹提携を結んだ自治体で、1993年から交流してきた。2003年に鳥取県と琴浦町は、江原道との交流10周年を記念して琴浦町の公園に日韓友好交流碑を立てた。この記念碑には、1820年に暴風雨に難破した朝鮮の商船が琴浦町の海に漂着し、地域住民たちがそれを救助して帰国した経緯が紹介されており、将来にわたって日本海（東海）が日韓両国において平和と交流の海であることを記念するという内容が刻まれていた。

　しかし、2006年9月から碑文の日本海（東海）の部分において東海は必要ないという地域住民の抗議の電話とメールが殺到した。さらに、街頭デモを行うなど、右翼団体の反発も激しくなった。結局、琴浦町の内部会議において記念碑の東海の部分を削除することが決定され、2007年3月に韓国語と日本語で刻まれた東海の地名は碑石から削除された。このような事実は、鳥取の韓国民団によって姉妹提携を結ぶ自治体である江原道にも知らされることとなった。

第1章　不都合の始まりと紛争　　51

 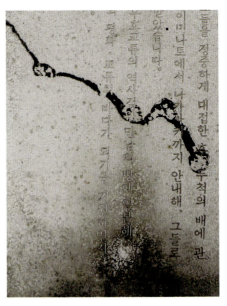

１－８、１－９　日本語と韓国語碑文の毀損された東海地名

　この知らせを聞いた江原道の人々の反日感情は激化し、市民団体は江原道庁の前で糾弾する集会を開いた。江原道と麟蹄郡では、直ちに姉妹提携を中断すべきであるという声まで出た。波紋が広がると、琴浦町の関係者は、初めは東海と日本海を併記することにしたのだが、右翼団体の抗議によって東海と日本海をどちらも削除するという方針を打ち出した。しかし、相次ぐ反発によって、日本語と韓国語の記念碑の説明文には、全て日本海の単独表記が残ることとなった。

北京オリンピック閉会式の日本海表記騒動

　第29回の北京オリンピックが2008年8月24日に閉幕した。この閉会式の第1部の序曲の中で、各国から光が北京に集まる様子が表現された映像の中の地図に、この海域の名称が日本海（Sea of Japan）と表記されていた。閉会式は世界中に生中継されたが、この放送を観ていた韓国の視聴者とネットユーザーから、一日中抗議が続いた。ネットユーザーらは、「とても困惑した。家

1 − 10　北京オリンピック閉会式の地図の日本海

族と一緒に観ていて驚いた。世界中で生中継されて視聴されている閉会式の地図に東海（East Sea）が併記されてもおらず、韓国人として複雑な気持ちだった」などの様々な反応をみせた。

また、終盤に北京オリンピック組織委員会が広報資料として配布した地図にもこの海が日本海（Sea of Japan）と記載されており、議論を呼んだ。組織委員会広報室は、中国国家観光局が観光客向けに作成した地図を臨時で配布したものであると説明したが、韓国人にとって敏感な関心事である日本海を一方的に表記したという指摘が出た。

論争が起きると、韓国の政府関係者は北京オリンピック組織委員会に日本海表記の不当性を指摘し、在中国韓国大使館が措置を取ると述べた。また政府は、東海と日本海の併記の問題に関連し、国際機関及び各国の民間の機関と接触して、持続的に努力する計画であると述べた。

東海と日本海表記製品の不買及び回収

韓国国内では、東海の地名を日本海と表記した出版社の図書、そして会社の

製品などが議論を呼んで冷や汗をかくというケースも珍しくない。同じように、アメリカと日本の出版社と会社でも、この海域の名称を日本海単独表記又は東海（日本海）と記載して、両国の国民の間で波紋が広がるケースがあった。

まず、アメリカ製品のケースである。2011年3月11日に東日本で発生した大地震の被災者を支援するために、アメリカのカジュアルブランドのJ.クルー

1-11　J.クルーのラブ・ジャパンTシャツと日本海

（J. CREW）が、4月初めにラブ・ジャパンTシャツを発売した。このTシャツは、キッズ用、女性用、その他にも女性用のトートバッグや男性用などがあり、価格はそれぞれ25ドルで、収益金は全額日本赤十字社に寄付される予定であった。Tシャツの真ん中には日本語で「がんばれ日本！」という文字とピンク色のハートマーク、そして韓国と日本の地図が描かれていた。しかし問題は、海の名称の表記部分が発端となった。デザイナーはTシャツに四面が海で囲まれた島国の日本列島を描き、その周辺に太平洋（PACIFIC OCEAN）と日本海（SEA OF JAPAN）を英語で表記した。

　Tシャツに韓国と日本の間の海の名称が、東海ではなく日本海と表記されたことに対し、韓国のネットユーザーと在米コリアンたちは、アメリカのJ.クルーに対して激しく抗議した。韓国のネットユーザーは、「いくら商品であっても購入する人は東海を日本海だと考えるようになる。Tシャツを着て歩いている人がいると考えると怒りがこみ上げてくる。独島（日本名は竹島）で敏感な時期に日本海Tシャツとは、J.クルーはこれ以上問題を起こすな！当分、J.クルーの商品は買わない」などの反感を露にした。結局、チーフデザイナーはメール

「鏡月グーリン」ネーミングのひみつ

「鏡月」というその名前は韓国／東海（日本海）に隣接した湖『鏡浦湖』（キョンポホ）の
ほとりにある古い楼閣「鏡浦台」（キョンポデ）で、恋人と酒を酌み交わしながら、そこ
から見える5つの月を愛でた詩に由来しています。

1－12　サントリーホームページの東海（日本海）

を通じて自分たちのミスについて丁重に謝罪し、誰かを傷つけたり不快にさせ
る意図はなかったと釈明した。

　二つ目のケースは、日本企業のサントリー（SUNTORY）が販売している韓
国焼酎鏡月グリーンを巡る波紋である。サントリーは、大阪に本社を置く洋酒、
ビール、清涼飲料などを製造販売する会社である。鏡月グリーンは日本で1996
年から発売されはじめ、日本人に人気の酒類であった。2011年8月にサントリー
が、韓国焼酎の鏡月を紹介する会社のホームページに、韓国と日本の間の海の
名称を東海（日本海）と表記したことにより、日本人から批判の声が続出した。
この会社のホームページは、鏡月グリーンの名前に関する秘密について、「鏡
月という名前は、韓国の東海（日本海）に面する鏡浦湖の近くにある古い楼閣・
鏡浦台で恋人と杯を交わし合いながらそこから見える5つの月を眺めて楽しん
だ詩に由来するものです」という内容を紹介した。

　江陵の沖合を東海（日本海）と表記し、東海を日本海より前に記載したので
ある。この内容を見た日本のネットユーザーからは、サントリーに対して「売
国奴。サントリーよ、バイバイ！サントリーの酒類不買」などの批判が続出し
た。これに対してサントリー側は、広告上の表現であり地名に対する見解を表
明するものではないと釈明したが、抗議が激しくなると、この内容を削除した。
この問題は韓国にも伝えられ、韓国の市民団体は東海を消したサントリーの酒
類及び清涼飲料の不買運動を展開した。

　三つ目のケースは、2012年1月に日本の出版社が東海（日本海）の地名を使
用して売国企業と決めつけられたケースである。日本のJTBパブリッシングは、
旅行会社大手のJTBグループの系列で、『韓国鉄道の旅』というガイドブック

第1章　不都合の始まりと紛争　　55

車を写すと背景に海が入るベストポイントはかなり安仁〈アニン〉駅寄りだが、安仁駅は停車する列車の数が非常に少ないため正東津駅前から安仁方面へ行く市内バスに乗り、「燈明洛迦寺〈トゥンミョン ラッカサ〉」停留場で下車し、安仁駅の方向へ約20分歩くのが便利だ。燈明海水浴場付近も悪くはないが、順光できれいに撮れるのは上り列車のみ。

なお、余談ではあるが、撮影時の食事休憩には燈明海水浴場前の「ソント」食堂がおすすめ。同店はビビムパプと刺身丼〈フェードッパプ〉が名物だ。ほかにも周辺に何軒かの食堂があるが、安さと味でここをおすすめしたい。

正東津の海辺を走る「ムグンファ号」。上の写真と少しアングルを変えてみた。洛迦寺周辺を歩いてベストポジションを探してみよう

1－13 『韓国鉄道の旅』の東海（日本海）

を2005年1月に初めて出版した。この本は、韓国の鉄道が走る写真と地図を入れて当該地域を紹介している。日本人の韓国鉄道の旅に必要なガイドブックである。

　ところが、問題となったのは、109ページの右下の地図に日本語で東海（日本海）と表記された部分である。このような海の名称の表記を問題視した日本人の抗議のメールと電話が増加した。結局、会社側は2012年1月27日に謝罪文を通じて、この書籍は性質上韓国鉄道庁の資料を多数使用しており、当該部分の地図についても韓国鉄道庁の資料の地名表記を特別な意図なしに記載したものであると釈明した。このような指摘に対し、出版社の関係者は日本政府の見解などに照らして適切な表記ではないと判断し、この書籍を2012年1月26日付で絶版にすると同時に、市場の在庫を回収すると約束した。また、今後、

旅行関連書籍を扱う出版業者として、地名表記に対して万全を期すると誓いながら深い謝罪の意を表明した。

韓国でも2015年4月に似たようなケースが起きた。韓国教育放送公社（EBS）は、高等学校1〜2年生対象の社会探求領域の選択科目教材10点を発行した。本の表紙には、19世紀フランスの古地図の画像が使用され、フランス語で日本海を意味する「MER DE JA」が表記されていた。「MER DE JAPON」の後ろの部分が切れていたのである。教

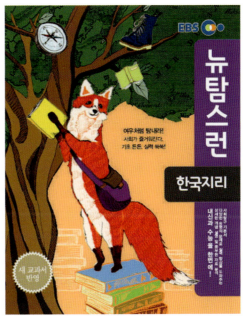

1-14　EBS教材『韓国地理』の日本海

材を購入した生徒たちは、フランス語で表記された日本海の名称をマジックで消したりシールを貼って隠したりするという場合もあった。

結局、父兄や生徒たちからの抗議が激しくなると、韓国教育放送公社はホームページに問題点が発見されたEBS教材の発行を全面的に中断し、市場で販売されている教材を全量回収し、当該教材の表紙デザインを変えて印刷しなおすと発表した。さらに、韓国教育放送公社側は、不適切なデザインにより心労をかけた点について改めて謝罪した。韓国教育放送公社の釈明と謝罪にもかかわらず、ネットユーザーらは失望感をあらわにした。

アメリカによる日本海単独表記意見の提出を巡る波紋

国際水路機関（IHO）では、2012年4月にモナコにおいて第18回総会と海洋地図ガイドブックの『大洋と海の境界』第4版の出版に関する議論が行われる予定であった。これを控えて、アメリカが2011年8月に、国際水路機関に

第1章　不都合の始まりと紛争　57

1-15　東海の併記を要請する与党代表(2011)

この海域を日本海と単独表記すべきであるという意見を提出したことが明らかになり、韓国人たちは憤慨した。実務グループの一員であるアメリカは、「一つの地名に対する一つの名称」という原則に従い、この海域を東海・日本海と併記することに対して賛成しないと述べた。

この知らせを聞いた韓国人たちは、極度に敏感な問題において明らかに日本の肩を持ったことは、韓国人の情緒を察したものではないと批判した（ソウル新聞，2012年8月10日付）。一部の市民は、「これからは夏休みも日本海に行き、日の出も日本海に行かないと見ることができず、鬱陵島と独島も日本海にある島である」と皮肉った。これまでアメリカ政府関係者が、口では韓米同盟や親友などと言ってきたその本心が疑われるとも指摘した。

市民たちの、アメリカから裏切られたような気持ちや韓国政府の外交力不足を叱咤する声も相次いだ。当時、与党は、東海が必ず併記されるように、外交的努力を政府に対して重ねて促していた。与党代表は、キャスリーン・スティーブンス駐韓アメリカ大使に会い、日本海単独表記ではなく、東海が併記されるように要請した。

ドイツにおける韓国人と日本人観光客の地名紛争

東西分断を象徴するドイツのチェックポイント・チャーリー（かつて東西ベルリンを分断していた国境検問所）の隣にベルリンの壁博物館がある。ここは、

1−16　ベルリンの壁博物館の世界地図の日本海の名称

統一前のベルリン市内とベルリンの壁の全景写真、東ドイツの人々の遺物など、冷戦に関連する資料が展示されている博物館である。そのため、世界中から多くの観光客がここを訪れる。

　ところが、2009年10月、博物館の片隅の壁に掛かっている世界地図の東アジアの部分が非常に汚く見えた。元々、地図には韓国と日本の間の海の名称が日本海（Sea of Japan）と記載されていた。ところが、何者かによって地名の「Japan」の部分がペンで数回にわたって「Korea」、「Japan」、「East」と入れ替わりで書き込まれたり、黒塗りされたりした跡が見える。このような落書きは、ここを訪問した韓国人と日本人観光客によって地名の修正に関する紛争があっ

第 1 章　不都合の始まりと紛争　　59

たことを示している。さらに、国名の台湾も黒で消そうとした跡があることからみて、中国人観光客も地図上の落書きに加担したものとみえる。大人たちが地図の上に子どものような落書きをしたのである。

このような一連の行為は、1992年以来続いている日韓間の東海と日本海の地名表記問題に起因する。国家間の地理的、歴史的、政治的問題が、海外において両国国民の個人的な行為として表出したのである。東西分断の歴史的悲劇を知るために世界中から訪れた観光客が、地図上の落書きを目にして帰っていったのであろう。このような海外における個人的な行動は、国のイメージ向上に役立たない。東海と日本海の地名に関する正しい歴史認識と、正当な方法によってこの問題を解決しようとする姿勢が必要である。

第2章

韓国の伝統地名の東海

　『三国史記』の記録をみると、韓国では、紀元前から東海という地名が使用されていた。その他にも、東海という地名は高句麗、新羅、高麗、朝鮮に関連する古文書や金石文、文学作品、歌詞などに多数見られる。これらの資料の東海という地名には、韓国人の情緒と喜怒哀楽が込められている。また、現在まで伝えられている朝鮮時代の古地図にも、東海が明記されている。しかし、古地図には、この海域を海や大海などの普通名詞で示したり、名称が記載されていないものもある。それは、西洋と異なり、東洋においては古地図に海の名称を付ける風習がなかったためである。

1　古文書に見られる東海

東海地名の発生

　高麗時代に仁宗の命令によって1145年に金富軾が編纂した『三国史記』は、高句麗、百済、新羅について著述された現在まで伝えられている韓国最古の歴史書である。この本には、三国時代の人々の暮らしと国の興亡盛衰に関する内容、そして著者・金富軾のはっきりとした歴史観が反映されている。その内容は、主に王の治績が著述された本紀28巻（高句麗10巻、百済6巻、新羅・統一新羅12巻）、地理志中心の志9巻、王の年表を記した表3巻、人物中心の列伝10巻で構成されている。これらの中で、王の治績が著述された本紀が最も多くの割合を占めている。

　この歴史書には、韓国で最も古いとされる東海という地名が高句麗王朝に関連して巻13高句麗本紀に記載されている。ここに見られる東海という名称は、韓国の古代国家・新羅（B.C 57）、高句麗（B.C 37）、百済（B.C 18）の三国が建国される以前のことで、高句麗の始祖・東明王の記事を記述した部分にある。その内容は、具体的に次の通りである。

62

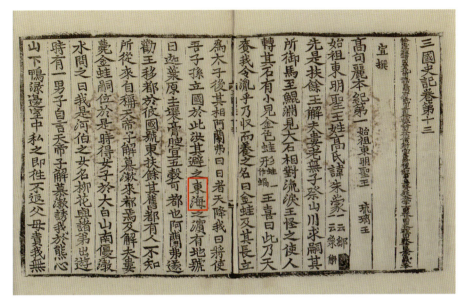

２−１ 『三国史記』高句麗本紀の東海

　始祖・東明聖王は、姓が高氏で、名前は朱蒙である。鄒牟又は衆解ともいう。これに先立ち、夫余王・解夫婁が年老いるまで子がないと、山川で祭祀を執り行い代を継ぐ子を探した。彼が乗った馬が鯤淵に至ると、大きな岩を見て向かい合って涙を流した。王がこれを不思議に思って人を送ってその岩を動かすと子どもがいたのだが、金色の蛙の姿をしていた。蛙は、蝸ともいわれる。王が喜んで曰く「これはまさに天が私に子をくださったのである」と連れて帰って育て、その名を金蛙と付けた。彼が成長すると、冊立して太子とした。後に、その宰相・阿蘭仏曰く、後に私の子孫に、ここに国を建てさせることにしよう。そなたたちは、そこから立ち去れ。東海の水辺に大地があり、その名を迦葉原といい、土は肥沃で五穀が育つに適しているため、都にふさわしい、と言った。阿蘭仏が王に勧めてそこに都を移し、国の名を東扶余と付けた。

第２章　韓国の伝統地名の東海　　63

２－２　東海に面する琿春と江陵

　高句麗本紀に出てくる「後の私の子孫」は、高句麗の東明聖王を指す。李奎報の『東国李相国集』によると、北夫余が東海辺の迦葉原に移って東扶余を建国した時期は、中国・漢の年号である神爵3年に起きた出来事であり、時期としてはB.C 59年に当たる（李相泰，1995）。つまり、紀元前1世紀から中国の吉林省北部地域で夫余国が発展したのだが、解夫婁王が宰相・阿蘭仏の勧めで都を東海に位置する迦葉原に移したというのである。古代東扶余の都であった迦葉原は、歴史学会において中国吉林省の琿春であるという説と、江原道の江陵であるという説があったが、現在では豆満江下流の琿春であると批正されている。当時、韓国人たちは琿春を中心とする海を東海と呼んだのである。このように、韓国において東海は2000年前に発生した歴史性のある伝統地名である。

　現在、琿春は中国吉林省の延辺朝鮮族自治州東部に位置する都市である。満州語で「辺境」を意味する琿春は、北朝鮮、中国、ロシアの三国の境界にある。この地域は、国連開発計画（UNDP）に基づき、中国の琿春、北朝鮮の羅津、ロシアのポシェトを結ぶ三角圏域で、国際開放都市として発展している。1991年の開発当時、国連開発計画（UNDP）の文書にこの海域が日本海（Sea of Japan）と記載され、韓国側によって東海の表記問題が指摘されたりもした。

広開土大王陵碑文の東海

　高句麗の第19代広開土大王は、征服及び領土の拡大によって偉大な治績を残した。彼が39歳の年で逝去すると、子の長寿土は2年後の414年に父王の

事績を称えるために、中国吉林省に広開土大王陵碑を建立した。この碑石は高さ6.93mと巨大で、四面にわたって高句麗の建国過程、父王の征服事業、守墓人の選出地域、守墓制の整備内容、関連法令などが1,775文字の隷書で刻まれており、毀損された部分もある。

この碑石には、高句麗の歴代王と父王の墓地を安全に守って保護する担当守墓人の出身地を記し、守墓制の安全維持を脅かす者がいる場合、どのよう

2-3 広開土大王陵碑文（414）の東海

に処罰するかに関する法令が刻まれていて、これが公示された。東海という地名は、王陵を護る守墓人の出身地に関連して3面7行に次のように刻まれている。

……総じて攻破した城が64、村が1400であった。（王陵を守る）守墓人の烟戸（のその出身地と戸数は次の通りである）、売句余民は国烟が2家、看烟が3家、東海賈は国烟が3家、看烟が5家、敦城の民は4家が全て看烟……

広開土大王陵碑文の東海賈は、『三国史記』高句麗本紀の太祖王55年に出てくる「冬十月東海谷守獻朱豹尾長九尺」と同じ地域と批正する説、そして東海岸の商賈集団又は賤民商戸を指すものとみる説がある。この中で、広開土大王陵碑文には東海と直接言及されていないが、後者の説のほうが有力である。武田幸男は、『高句麗史と東アジア－「広開土王碑」研究序説』で、高句麗の王都からみて東方の海岸地方、つまり朝鮮半島北東部の沿岸地帯を指すとした。また、東海賈は、この海岸地帯に居住しながら活動していた商賈という商人の集団であると推定している（芳井研一, 2002）。

第2章 韓国の伝統地名の東海 65

文武大王陵の東海

　韓国東南部の古代国家・新羅も東海の海に接しており、『三国史記』に東海という地名がよく登場する。この本の巻3新羅本紀には、256年に「東海で大きな魚3匹が獲れたのだが、その長さが3丈、高さが2尺もある」、そして巻3新羅本紀には、416年に「東海の海岸で大きな魚を獲ったのだが、角があってその大きさは車からはみ出すほどであった」と記述されている。ここに登場する大きな魚は、現在もこの地域の海で多く獲れる鯨である。昔からこの海域には鯨が多かったので、韓国と中国の古文書にはこの海を指す名称として「鯨海」がよく言及される。歌手・宋昌植の鯨漁の歌は、このような内容と関連がある。この記録のように、韓国の歴史において海の名称として東海が初めて使用されたのは、256年の『三国史記』巻3の新羅本紀に記述された内容である。

　また、『三国史記』の巻7新羅本紀には、681年に「群臣は彼の遺言に従って（文武王を）東海の海辺の近くの大きな岩の上に葬った。伝えられている話では、王が龍に変わった」と記述されている。文武大王は新羅の王として在位中、日

2-4　東海の海の大王岩（2015）

本からの海賊にたびたび苦しめられたのだが、彼は死んでからも東海の海の龍王となって日本の侵略を撃退すると誓っていたのである。このように、新羅時代にも日本との間にある海を指す名称として東海が使用されたことがわかる。

　実際に、慶尚北道慶州市の沖合には、三国統一の偉業を達成した新羅第30代文武大王の海の墓がある。大王岩は陸から200m離れた所に位置する岩島で、その真ん中に小さな池があり、その中に長さ3.6m、幅2.9m、厚さ0.9mの大きさの花崗岩が置かれている。大王岩と呼ばれるこの墓は、仏教式の方法によって火葬された遺骨がここに安置されたと伝えられており、一方では遺骨を撒いた場所であるという説もある。文武大王の偉大な護国の精神は、愛国思想を育むために韓国の教科書にも記述されている。

文学作品の中の東海

　東海は自然の地理空間であると同時に、たくさんの歴史的なエピソードや文化的意味を内包している歴史文化の空間でもある。東海は、遠い昔から今日に至るまで、この地で生きてきた人々にとって暮らしの場であり、夢の世界であり、歴史の舞台であった（李勝洙・呉一煥，2010）。そのため、韓国の古文書や碑文には、この海をテーマにした文学作品が多数存在する。これらの作品に見られる東海のイメージは、広くて深い青々とした海、美しさ、威厳、荒々しさと平穏、豊かさ、漁師たちの喜怒哀楽などである。ここでは、朝鮮時代の鄭澈の関東別曲と許穆の陟州東海碑に見られる東海地名についてみてみることにする。

　まず、鄭澈の関東別曲である。この作品は、1580年の『松江歌辞』に収録されており、主な内容は、松江・鄭澈が江原道の監察司として赴任し金剛山（内金剛、外金剛、海金剛）と関東八景を遊覧しながら美しい風景を即興的に表現したものである。内容は、詩想の展開によって4段に分けられる。第1段は序曲、第2段は内金剛、第3段は外金剛・海金剛と関東八景、第4段は結句である。この中で、東海の海の美しさは主に第3段において言及されており、東海とい

第2章　韓国の伝統地名の東海　　67

う地名も登場する。

　第3段は、「金剛山の中を見たりし、東海に行こう」で始まり、外金剛と海金剛の名勝地、そして関東八景の叢石亭、三日浦、清澗亭、竹西楼、望洋亭などを巡りながら、美しい風景を感動的に記している。名勝地との別れを惜しんだり、心を躍らせて日の出を観ようと夜中に起きたり、官吏の旅路は有閑であり風景も嫌ではないなどの内容も含まれている。その中からいくつかを選んで解釈して紹介すると、次の通りである。

　　踏むと音が鳴る砂道に慣れた馬が酔った仙人を斜めに乗せて
　　海を傍らに置いて浜茄子の花畑に入る。
　　鷗よ、飛んでいくな。私がお前の友になるかもしれないのに、なぜ飛んで
　　いくのか。
　　江門橋を越えた先の大きな海がそこなんだなあ。
　　静かなり、この鏡浦の気象よ。広く遥かなり、あの境界よ。
　　ここより美しい景観を持つところが、又どこかにあるというのだろうか。
　　真珠館竹西楼の下の五十川の下る流れが
　　太白山の影を東海に運ぶ。
　　いっそ、その影を漢江の南山に届けたいものだ。

　この作品は、東海をテーマとした歌辞文学の白眉であるといえる。当時の江原道監察司であった鄭澈は、韓国で最も美しい金剛山と関東八景を旅しながら、彼の旅程、自然、風景、感情を文章に率直に記した。高い山の姿と深い渓谷が、東海の海と相まって美しさが際立っていたのである。ここを旅したことのある韓国人なら、誰でも鄭澈のように東海の海に対する同じ情緒と感情が感じられたはずである。

　次に、許穆の陟州東海碑である。彼は朝鮮時代の思想家であり官僚で、1661年に三陟府使であったときに東海頌という詩を詠んだ。当時、三陟を中心に東海岸は波が高く、潮が人々の居住地まで押し寄せて洪水が発生すると、五十川

が氾濫して被害が深刻であったという。これを不憫に思った許穆は、東海神の怒りを鎮めなければならないと考え、東海の海を讃える詩を詠んだという。その内容を解釈して紹介すると、次の通りである（韓国文化遺産踏査会, 1994）。

　海が広々と大きくあらゆる川が集まるので、その大きさは限りない。

　東北は沙海で潮の満ち引きがないので、大澤と名付けた。

　青々とした水は天に届き、うねりは広くて遥かで、海が動いて暗澹たるものだ。

　明るいあの暘谷は日が昇る扉なので、羲伯が恭しく太陽を迎える。

　析木の位次、牝牛の宮で、日が昇る東の端である。

　鮫人の宝と海のあらゆる産物が沢山だ。

　珍しい物が調和をなしてうごめくその祥瑞は、徳を起こして現れる。

　貝の中の真珠は盛衰を月と共にし、気を吐き出して湯気が立ち、頭が九つの天吳と一本脚の夔は、大きな風を起こしながら雨を降らせる。

　朝に昇る陽光、燦爛たりて輝き、赤い光が揺れる。

　丸い満月、空の水鏡となり、星々が光を隠す。

　扶桑の沙華と黒歯の麻羅と莆家の髷と、蜒蠻の牡蛎と貝、爪蛙の猿、佛齊の牛たちは、海の彼方の雑種であり、群れも異なり習俗も異なるが、一つ所で一緒に育つ。

　古の聖王の遠大なる徳化に、蛮夷たちが重訳を通じて皆服従する。

　ああ、輝かしい。聖なる政治が広く及んで、遺風が絶えないから。

　東海頌は東海の海による災害を防止する意図から詠まれたが、自然災害に対する望みを祈願する内容はない。広くて青々とした東海の海の姿、恭しく日を迎える所、日の昇る東の端など、東海という海の神秘的な自然現象を讃えている。さらに、東海の海の豊かな海の幸、東海の海に接して暮らす人々、古の聖人の教えに対する服従、未来に対する願いなどが込められている。東海の海に対する威厳と理想を表現した力作であるといえる。

第2章　韓国の伝統地名の東海　69

2-5 江原道三陟の陟州東海碑 (2015)

　三陟府使の許穆は、東海頌を刻んだ碑石を汀羅津の先の萬里島に立てた。この碑石が陟州東海碑と呼ばれ、碑石の文字は中国古代の篆書体で許穆が直接書いたものである。住民たちは、陟州東海碑を立てたら東海の海が静まったとして、潮を追い払う神秘の力を持つものであると「退潮碑」とも呼んだ。『星湖僿説』には、住民たちの間にこの碑石には御利益があるという信仰が生まれたとある。また、碑石の碑文と文字自体が元々素晴らしく、ご利益があるという噂があったため、それを拓本にして所蔵する人々が増えた。この碑文の拓本を持っていると、水害や火災を免れることができ、厄除けになるという信仰が生まれたのである（李迎春, 2011）。この碑石は、1969年に日当たりの良い六香山の頂上に移され、毀損を防ぐために拓本を取ることができないように扉を設けて管理されている。現在、陟州東海碑は江原道有形文化財第38号に指定されている。

2　朝鮮時代の古地図と東海

　韓国において、東海という地名は古文書以外に古地図でも確認できる。しかし、古地図に表記された東海という地名は古文書より時期的に非常に遅く、また、相当数の古地図に海の名称が記されていない。1402 年に朝鮮で初めて製作された金士衡・李茂・李薈の混一疆理歴代国都之図、そして朝鮮後期に製作された鄭尚驥の東国地図、金正浩の大東輿地図など、著名な地図に海の名称表記がないのは、その代表的な例である。それは、西洋と異なり、中国、韓国、日本などの東洋においては、地図に海の名称を表記する伝統と風習がなかったためである。

朝鮮全図の東海

　韓国において東海という地名が最初に表記された古地図は、『新増東国輿地勝覧』に収録された八道総図である。この地図は、1481 年に徐居正らが完成させた『東国輿地勝覧』に添付された。現在伝わっている『新増東国輿地勝覧』は、1530 年に刊行されたものである（李燦, 1992）。この本は、朝鮮前期の代表的な官撰地理書で、朝鮮八道と主な都の人文地理が記述されたものである。

　内容は、各道の沿革と府・牧・郡・県の沿革、名称、姓氏、風俗、山川、関防、駅院、史跡、人物などを総合的に扱っている。この本には、前の部分に八道総図があり、各道の最初の部分にも道別の地図が添付されている。

　この文献に収録されている八道総図の朝鮮の形は、実際と比較すると、比較的南北は短く、東西は長く描かれている。特に、中国との境界にある鴨緑江と豆満江の周辺地域は歪曲の程度がひどい。そして、黄海岸と南海岸は実際よりも海岸線が単純である。この地図には、国の機密を考慮して、誰でも知り得る

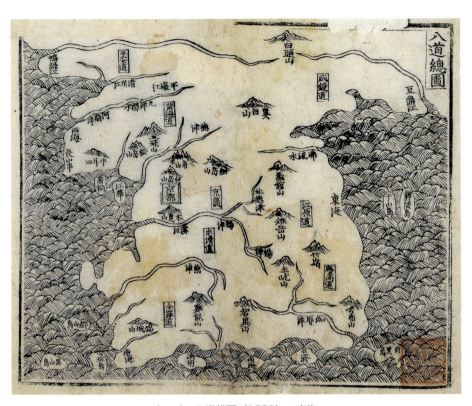

2－6　八道総図（1530）の東海

主な山と河川、島、道や海の名称など、簡単な地理的情報だけが収録されている。また、海の名称として東海が初めて記載されてはいるが、これは海ではなく東海神の祭祀が行われた江原道・襄陽地域の海岸に表記されている。当時、朝鮮では地図に海の名称を表記する風習がなかったため、製作者は東海神廟が位置する陸に東海という地名を記したのである。

　三面が海である韓国では、古来より江原道襄陽、全羅道霊岩、黄海道豊川にそれぞれ東海、南海、西海神廟と呼ばれる祠堂が置かれ、海の神に毎年春と秋に太平聖代と豊作・豊漁、漁師の安寧を祈願する祭祀が執り行われてきた。東海神廟は新羅時代から東海の海の龍王神に対する祭祀が執り行われてきた祭壇で、朝鮮初期に国家的祭祀として制定され、国からは祭祀に使用するお香と祝詞が送られた。東海神廟は、1908年に日本によって碑石が毀損され、建物が撤

2－7　江原道襄陽の東海神廟（2015）

2－8　東海神廟の龍王祭奉行（2014）

第2章　韓国の伝統地名の東海　　73

去されたが、1993年から襄陽郡によって復元された。

　現在は、襄陽郡において冬と夏に東海神廟で東海の海に対する祭祀が執り行われている。毎年1月1日に初日の出のイベントとして行われ、午前6時50分から郡守、郡議会議長、警察署長、文化院長、市民らが参加する。そして、海水浴場の海開きが行われる毎年7月10日には、午前11時から東海神廟で龍王祭が奉行される。襄陽郡は二回の祭祀を通じて、漁師たちの安全と豊漁、海水浴場での事故の予防、観光産業の振興と住民の所得の増加、ひいては襄陽郡地域社会の安寧と発展などを祈願している。

　一方、朝鮮後期になると、複数の古地図の海の部分に東海という表記が本格的に見られるようになる。東海の表記は、朝鮮全図以外に地方地図、関防地図、万国全図に至るまで多様である。18世紀半ば以降、朝鮮の古地図に海の名前の表記が増加するが、この場合には「東」や「卯」などのように東を表す方位地名のみを記したものや、「東抵大海」、「大海」、「海」などと、単に海であることを明記した地図が数的には大多数を占める（楊普景, 2004）。

　18世紀後半の地図集『輿地図』に収録された作者未詳の我国総図には、陸ではなく海に東海の名称が記載されている。この地図は、18世紀半ばに製作された鄭尚驥の東国地図を基に描かれた朝鮮全図である。朝鮮の形や山勢と河川の流れを精巧に示しているところは、鄭尚驥の東国地図の系統と類似している。しかし、鄭尚驥の東国地図に詳細に表示されている道路名と烽燧台は抜けている。全国の道別の色付けも多少違いはあるが、鄭尚驥の東国地図に準じている。すなわち、我国総図では、五行思想に基づいて5方位の色で郡県の名称を東（江原道）は青、西（黄海道）は白、南（全羅道、慶尚道）は赤、北（咸鏡道）は黒、そして中央（京畿道、忠清道）は黄色で表されている。

　我国総図と同じ地図集『輿地図』に収録された作者未詳の朝鮮日本琉球国図にも、朝鮮の東側の海に「東海」が表記されている。この地図には、朝鮮を中心に中国東部の一部、日本、琉球諸島が含まれているが、日本は実際よりも非常に小さく描かれている。地図の表現は鄭尚驥の東国地図の系統であるが、山勢と河川は主なものだけを簡単に記している。そして地図製作者は、各道の監

2-9 我国総図（18世紀後半）の東海

第2章　韓国の伝統地名の東海　75

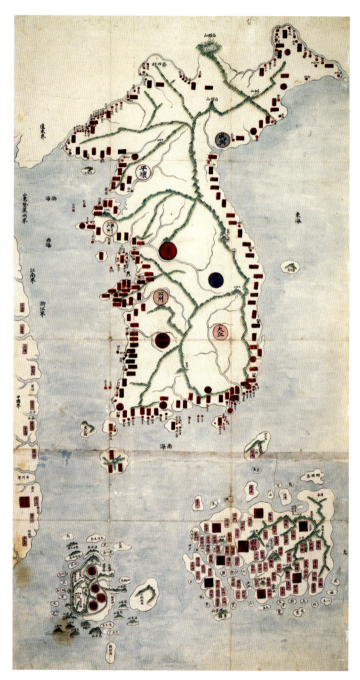

2-10 朝鮮日本琉球国図(18世紀後半)の東海

営所在地の地名を記載し、海岸線と国境線には郡県を赤い四角の中に記載し、辺境地域の鎮堡は赤い円で示されている。

地方地図の東海

　朝鮮後期には、地方行政単位である府、牧、郡県、道を対象に描いた地方地図が多数編纂された。東海の海に面している咸鏡道、江原道、慶尚道の地方地図には、海の名称として東海、東抵大海、東南大海、東南抵大海、大海、海などが記載されている。その中でも、地図に海、大海などの普通名詞地名が記されたもののほうが多い。また、地図に何の海の名称も表記されていないものも相当数存在する。

　慶尚道の各郡県を集めた『嶺南地図』の慶州と蔚山の地図には、それぞれ東側の海に東海の表記が見られる。この地図は、朝鮮後期の国の軍務と国政を総括していた備辺司において1740年代に編纂されたいわゆる備辺司地図である。

２−11　『嶺南地図』慶州（1740年代）の東海

第２章　韓国の伝統地名の東海　　77

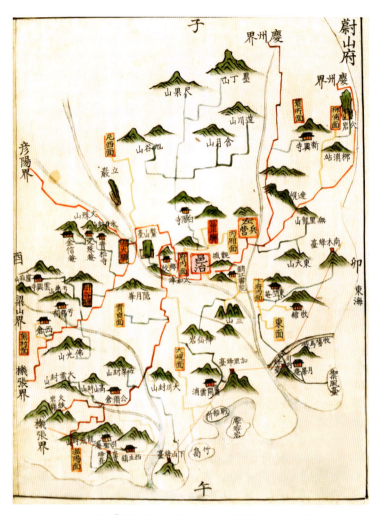

2−12 『嶺南地図』蔚山府（18世紀半ば）の東海

　この地図の裏面には備辺司の印が押されており、備辺司が製作して利用していたことを示している（楊普景, 2002）。
　18世紀半ばの朝鮮王朝・英祖の時代に編纂されたものと推定されている『嶺南地図』は、慶尚道の71の郡県地図を集めた地図集である。地図製作者は、山を山脈ではなく独立的に表現しており、河川は青色で示している。交通路は規模によって異なる色で色付けしており、大きな道路は赤、中規模の道路は黄、

78

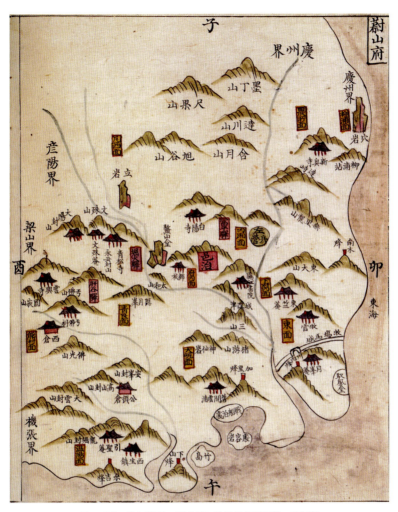

2−13 『広輿図』蔚山府（18世紀半ば）の東海

小さい道路は青で区分されている。また、道路は曲線ではなく階段式の直線で示しているのが特徴である。この地図集に収録されている蔚山府の地図には、太和江が蔚山の中心部を横切って流れ、蔚山の東側の海に東海が表記されている。同時期に編纂された『広輿図』の慶尚道蔚山府も非常に類似した地図であるが、東側の海に東海が表記されている。

1750年頃に編纂された全国郡県地図集『海東地図』の慶尚道興海郡、『慶州

2－14 『関東勝覧』通川（1750年頃）の東海

都会左通地図』の興海郡、『関東勝覧』の江原道通川などの地図にも東海の表記が見られる（楊普景, 2002）。また、18世紀後半の『輿地図』慶尚道興海郡地図にも東側の海に東海が記載されている。

　17世紀半ばの『関東勝覧』の通川地図に示された地域は、現在の北朝鮮の江原道高城郡北部と通川郡一帯である。西側には白頭大幹の険しい山脈が南へと続いており、ここを水源とする河川が東側の海へと注いでいる。北東側の河川の間には、邑内の官庁、郷校、客舎、社倉などが山に囲まれている。そして海岸には、関東八景のうち最も風景が美しいといわれる叢石亭が海の上に奇岩怪石と共に描かれている。通川が面する海には東海が表記されている。

　18世紀後半の地図集『輿地図』の慶尚道興海郡の地図は、現在の慶尚北道浦項市北区に当たる地域である。この地図を18世紀半ばの『海東地図』の慶尚道興海郡と『慶州都会左通地図』の興海郡の地図と比べると、地図に見られる山脈、河川の流れ、その地方の行政が行われていた邑治とその周辺の邑城は類

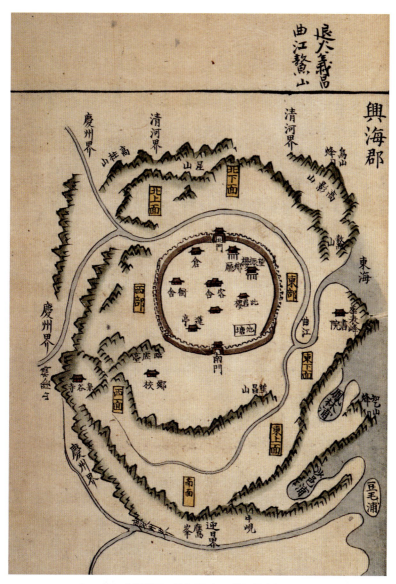

2−15 『輿地図』興海郡（18世紀後半）の東海

似している。しかし、18世紀後半の興海郡地図には、邑治と邑城が実際よりも大きく描かれている。興海郡を囲んで流れる曲江川は複数の支流が合流して海に注いでおり、興海郡東側の海には東海と記されている。

第2章　韓国の伝統地名の東海　81

2－16　『輿地図』慶尚道（18世紀後半）の東海

　同じぐらいの時期に製作された18世紀後半の地図集『輿地図』に収録されている慶尚道という地図には、浦項の東側の海に東海が表記されている。この地図では現在の蔚珍地域が除外されており、対馬島が描かれている。地図の内容と表現方式は、鄭尚驥の東国地図の系統に準じて水系網と山勢、郡県と交通網、駅と烽火などが比較的詳細に表現されている。

19世紀に製作された地方地図にも東海という表記が見られる。朝鮮政府は、丙寅洋擾（1866年）や辛未洋擾（1871年）などの外国勢力の攻撃を経験した後の1872年に、全国の各郡県に命じて邑誌と地図を製作して献上させた。この時期に製作された約460枚の地図が、ソウル大学奎章閣韓国学研究院に残されている。この中で、咸鏡道の端川府地図、茂山地図、平海郡地図、慶尚道地図のうち蔚山牧場地図などの郡県及び鎮堡地図にも東海の表記が見られる（楊普景, 2002）。これらの地図のうち、端川府地図には東海が陸に表記されており、それ以外の地図では海に記載されている。

咸鏡道の茂山を描いた茂山地図には、茂山という地名の由来に関連し緑の山地が多く描かれている。つまり、この地域の山地には木が生い茂っていたため、朝鮮時代に「茂山」という地名が生まれたのである。地図には、現在の咸鏡北道茂山郡、延社郡、そして隣接する両江道の一部地域が含まれている。朝鮮時代の北方政策及び疆域に関しては、鎮、白頭山と定界碑などが描かれている。茂山は、白頭山から流れる豆満江を境界として中国と国境を接する内陸地域である。ところが、この地図に海が描かれており、ここに東海が表記されている理由は、茂山の越境地として東海岸に海倉があったためである。茂山の特殊区域に当たる海倉は、海産物を調達するために従属させた場所である。

現在の蔚山広域市東区一帯に当たる蔚山牧場地図は、馬の飼育と関連がある。蔚山広域市東区に残る南牧洞は南牧馬城に由来する地名で、この地域がかつて馬を飼育する牧場であったことがわかる。朝鮮時代には、蔚山の馬城が南牧、浦項近郊の馬城が北牧と呼ばれていた。地図の中央には牧場の事務を務めた監牧官の所在地である官基が表記されており、馬を管理するための馬城が描かれている。寺院の東竺寺と月峰寺は、養馬祭が行われた所である。その他にも、数々の地名と場所が赤い四角と円の中に記載されている。蔚山の東側の海には、赤い四角の中に東海と表記されている。

朝鮮後期の平海郡地図は、現在の蔚珍郡南部に位置する平海邑、箕城面、温井面、厚浦面を含む地域である。地図の西側には、英陽郡との境界地域に白巌山や金蔵山などの高い山地が描かれている。ここから流れる南大川は、里を貫

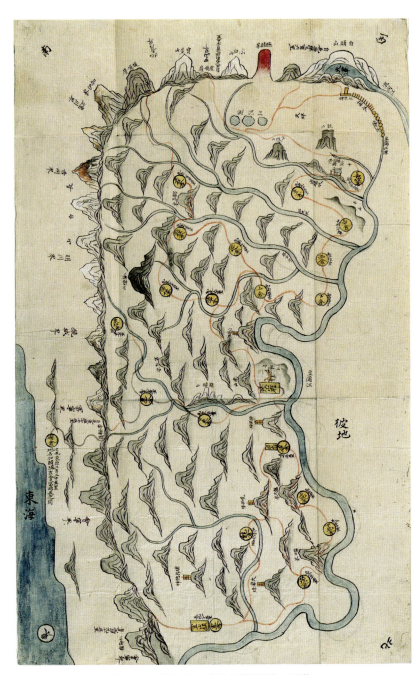

2-17 茂山地図（19世紀後半）の東海

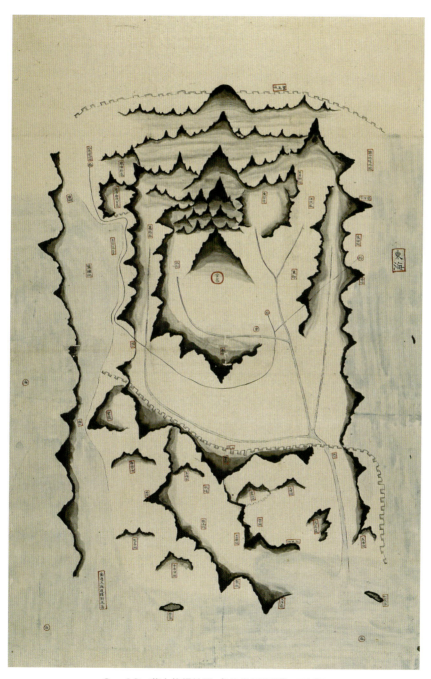

2-18 蔚山牧場地図（19世紀後半）の東海

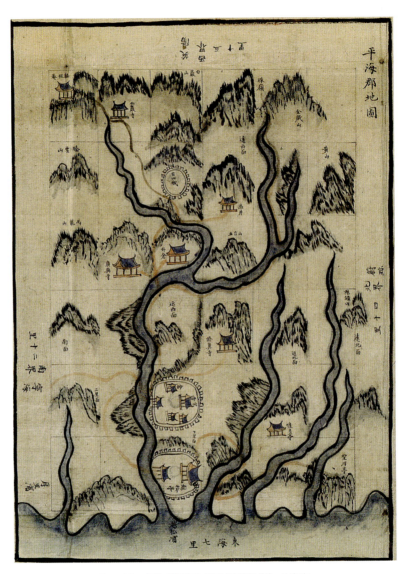

2－19　平海郡地図（19世紀後半）の東海

通して東側の海に注いでおり、海には東海七里と表記されている。また、地図には主な山と関東八景に当たる越松亭と望洋亭が描かれており、各面の名称、主な寺院、官庁、そして現在の白巖温泉の場所に、温泉が湧くことから「温井」と記されている。

関防地図の東海

　関防とは、国境を守ったり辺境を防衛するための施設をいう。韓国は大陸と海洋の間に位置し、古代から周囲の諸国からの侵略が多かった。朝鮮時代には4郡と6鎮が開拓され、壬辰倭乱と丙子胡乱を経験したことで、人々は辺境地域の防衛が重要であるということを認識するに至った。そのため、国が主な要所の地形物を把握し、軍事施設を整備するために地図が利用された。朝鮮後期に軍事的目的で様々な種類の関防地図が製作され、これらの地図には咸鏡道の東側の海に東海という表記が見られる。

　18世紀半ばの作者未詳の西北界図は、軍事目的で製作された代表的な関防地図で、内容が比較的詳細なほうである。地図に含まれる地域は、朝鮮の黄海道、平安道、咸鏡道などの北部地方と、中国の山東半島、北京、華北、満州一帯である。地図製作者は、東北の黒竜江省、寧古塔、そして山海関、柵門などを示

2－20　西北界図（18世紀半ば）の東海

2-21　西北彼我兩界萬里一覧之図（18世紀半ば）の東海

し、交通路と軍事施設を詳細に描いた。さらに、軍事指揮官の管轄地域、朝鮮と清との国境、西側の海に位置する島嶼の境界を表示した。中国との境界に当たる鴨緑江と豆満江の河岸には、防衛施設として土と石を積んで築いた城、鎮、堡を記した。この地図には、海の名称として咸鏡道の東側に東海、そして平安道の西側に渤海が表記されている。

　朝鮮後期の作者未詳の西北彼我兩界萬里一覧之図にも、咸鏡道東南部の海に東海が表記されている。この地図は、清に対する防衛を目的に製作された代表的な関防地図である。地図の題名において、彼我とは朝鮮と清であり、万里は

両国の境界の距離を指す。地図には、白頭山を中心に朝鮮北部、満州一帯、沿海州が含まれている。また、水系網、山脈と主な山、郡県、道路網、軍事的要所として関、站、堡が示されている。地図の余白には、寧古塔の由来、清の建国過程と軍事編制、蒙古に関する情報などが記載されている。

万国全図の日本海と東海

　朝鮮時代の世界地図におけるこの海域の名称の表記は、1602年に中国・北京でイタリア人宣教師のマテオ・リッチによって製作された坤輿万国全図とその系統の地図から影響を受けた。すなわち、朝鮮の地図製作者たちは、彼らが描いた万国全図に、マテオ・リッチの地図に表記されている日本海という名称をそのまま使用したり、またマテオ・リッチ系統の万国地図に示されていないこの海域の名称を、小東海又は東海と新たに追加して表記したりした。

　例えば、1708年の金振汝の坤輿万国全図は、1602年のマテオ・リッチの坤輿万国全図に表記されている日本海という名称をそのまま踏襲している。韓国では、朝鮮後期から地図に海の名称を表記しはじめたのだが、そのきっかけは中国から持ち込まれた漢訳の西洋地図以降と推定されている（李燦, 1992）。すなわち、1602年に北京で製作されたマテオ・リッチの坤輿万国全図の木版本地図を、1603年に李光庭と権憘が朝鮮に持ち込んだという事実が李晔光の『芝峰類説』（1614）に記録されている。この地図は現在は残っていないが、1708年に当代の名画家として活躍した金振汝が原本の坤輿万国全図を模写して描いた地図が、現在ソウル大学博物館に所蔵されている。この地図には、韓国で初めてこの海域に日本海という名称が表記されているが、それは、金振汝がマテオ・リッチの坤輿万国全図に表記されていた日本海をそのまま同じように記載したためである。しかし、金振汝の坤輿万国全図に表記された日本海の地名は、後代の地図製作と地名表記に影響を与えることはできなかった。

　18世紀後半の我国総図、朝鮮日本琉球国図と同じ地図集の『輿地図』には、作者未詳の天下都地図にこの海域が小東海と表記されている。天下都地図は、

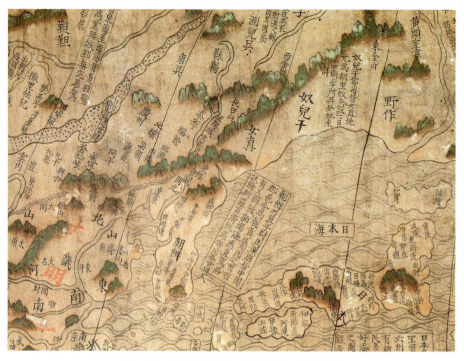

2－22　坤輿万国全図（1708年）の日本海

アレーニ（Giulio Aleni, 中国名は艾儒略）の『職方外紀』に収録された万国全図を基に製作されたものである。イタリア生まれのアレーニは、マテオ・リッチが北京で死去した1610年に中国にやって来た。元々、『職方外紀』はマテオ・リッチの万国地図をもっと理解してもらえるよう、マテオ・リッチと同行していたスペイン宣教師パントーハ（Diace de Pantoja）とイタリア宣教師ウルシス（Sabbathin de Ursis）が編集したものを、アレーニが増補して1623年に杭州で刊行されたものである。西洋で製作された大部分の万国全図は西洋中心である。しかし、この地図は、マテオ・リッチの坤輿万国全図と同じように中華思想を考慮して中央経線を太平洋に置いている。アレーニの万国全図には黄海とこの海域に海の名称の表記がないが、天下都地図にはそれぞれ小西海と小東海が海の中央に記載されている。アレーニの万国全図は日本でも1822年に高木正朝によって模写されたが、作者は原図の万国全図と同じように黄海とこの

2-23 天下都地図（18世紀後半）の小東海

海域に海の名称を記載しなかった。

　1845年に金大建神父が製作したものと推定される小型の万国全図にも、この海域に東海が表記されている。崇実大学韓国基督教博物館学芸チーム（2013）によると、この地図は金大建神父が1845年4月に司教と神父を迎えるために中国・上海に行ってきた後、山海輿地全図に基づいて描いたものである。山海輿地全図は、1607年の『三才図会』に収録されたマテオ・リッチ系統の楕円形の万国全図である。金大建神父は200年前に作られた地図を参照して万国全図を描いたため、その内容は時代に符合しない。例えば、19世紀半ばにはオーストラリア大陸の存在が明確になっていたにもかかわらず、この地図はそうではない。また、この地図には原本に記載された大陸、国、地域、海の名称などが似たように見られるが、必ずしも同じではない。東アジアの朝鮮と日本は原本の地図より大きく描かれており、国の名称は原本の大明国、高麗、日本がそれ

第2章　韓国の伝統地名の東海　91

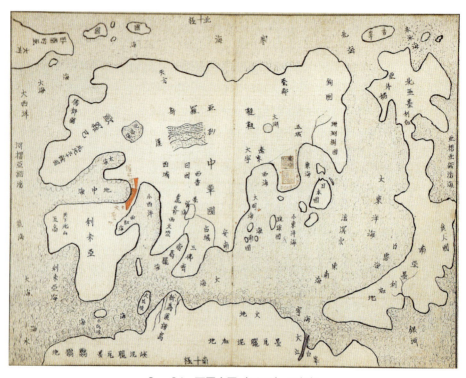

2－24　万国全図（1845）の東海

ぞれ中華国、東方、日本国と記載されている。また、原本の地図には朝鮮の西側と東側に海の名称がないが、この地図には西海と東海が表記されている。さらに、地図には金大建神父の宗教的思考が反映されており、現在のイスラエルに猶太国大聖地という赤字と共に十字架（†）の記号が表示されている。

　このように、韓国は古代から朝鮮時代後期まで、この海を東海と呼んできた。しかし、朝鮮が1876年に日本と江華島条約（日朝修好条規）を締結することにより門戸を開放したことで、歴史性の強い東海という伝統地名は外国から導入された日本海と朝鮮海、そして第三の地名と共に混用されるようになった。つまり、第5章で考察するように、近代韓国では文明開化の時期に東洋と西洋の文明に接する中で、外来地名の日本海が導入されて使用されるようになった。しかし、1905年の日露戦争と第二次日韓協約以降も、韓国において日本海という地名は定着する方向に展開しなかった。

第3章

日本の伝統地名と外来地名

　日本の人々は、古代社会から20世紀初頭まで、韓国と日本列島の間の海を「北海」と呼称してきた。日本において、伝統地名の北海は、720年に完成した歴史書『日本書紀』に初めて登場し、その後、複数の古文書にも頻繁に登場する。しかし、日本の古地図に北海という地名が表記される場合は珍しかった。日本の古地図においてこの海域に名称が初めて記載された時期は、19世紀前後である。主に外来地名として朝鮮海と日本海が西欧から導入され、日本の古地図に翻訳して表記された。しかし、どの地名も19世紀後半まで日本の社会において定着しなかった。

1　伝統地名の発生

日本書紀に登場する最初の北海

　日本では大昔から、陸地と異なって広い海域に海の名称を付与せず、単に海又は大海と呼称する風習があった（谷治正孝，2011）。720年に日本で完成された最も古い歴史書の『日本書紀』には、韓国と日本列島の間の海の名称に関連する内容が記述されている。まず、「越の海」が登場するが、これは現在の新潟県、富山県、石川県、福井県からなる北陸地方の北部にある海を指す昔の名称である（高瀬重雄，1984）。また、「石見の海」も使用されているが、これは島根県の西部沖の海を指す呼称である。これらは広域の東海・日本海の海域全体ではなく、各地方の沖合の海を指す局地的な名称として使用されたものである。

　もう一つは、『日本書紀』に海と方位との関係がどのように意識されているかに関する例がある（芳井研一、2002）。垂仁天皇2年に任那人が朝廷の会議に参加した話が出てくる。越国笥飯浦（現在の福井県敦賀市）に泊まっている人にどのようにここに来たか尋ねると、意富加羅国から穴戸（山口県北西部）にたどり着き、

3-1　越の海と石見の海

さらに北海を廻って出雲国（現在の島根県）を経てここまで来たと話した。ここで使用された北海という呼称について、岩波文庫版の注には、南部日本海を指す特定の名称であったかもしれないと記述されている。そうなると、これは韓国と日本列島の間の海を北海と呼称した文献上の最初の例になるのである。当時の都から見ると、日本列島の北西や北部の海は全て北海だったのである。

　一方、720年の『日本書紀』には、日本海の発生の根拠となる国号の「日本」が初めて登場する。日本という地名は、日本が中国大陸から見て東の果て、つまり日が昇る所（本）に位置することに由来する。国号の日本は、中国の歴史書に出てくる倭国、日本国に起因する。日本の人々が長い間使用してきた海の名称である北海と国号の日本は、韓国の東海より700年後に発生した呼称である。

住民たちが常用した北海

　江戸時代には、島根県隠岐の地誌が記述された1667年の『隠州視聴合紀』巻の1に北海という地名が記載されている。この本は、斎藤豊仙が隠岐の郡代として赴任した際に、約2ヵ月にわたって隠岐島全域を巡り、この地域で見聞きしたことを採録したものである。本の最初の文章には、「隠岐島は北海の中にある。考えるに、日本固有の言葉で海の中を『おき』と言うため、このように名付けたのだろうか。 その南東にある地を島前という」と記述されている。また、この本には日本の古文書で独島が初めて記述されており、鬱陵島と独島の位置関係を記述し、日本の北西部の境界を隠岐島とみている。

　芳井研一（2002）は、幕末から明治時代にかけての地域資料を調べ、日本において地域住民たちは北海という名称を19世紀後半まで使用していたことを明らかにしている（表2）。また、新潟県議会の陳情書などにも北海の表記がある。明治時代になり教科書と海図には日本海が表記されていたが、住民たちは北海の名称を使用していたのである。活字化された記事において、地域住民たちによって日本海の名称が最も早く使用されたのは1894年である。

表 2 北海の地名の推移

年月	記事	資料の表題	出典
1867.08	北海検視一件	菊地伊予守・原弥十郎	続通信全覧
1868	新潟は北海第一の港にして	越後府権判事建議	大隈重信文書
1869.08	北海第一の高浪にて	新潟開港一件	外務省文書
1870.02	北海困難の波涛上時節向	水原県より民部省へ経伺	稿本新潟県史
1878.07	常に北海の涛鳴を聞き	民権論の主唱	新潟新聞
1878.07	北海の荒き激浪屡々起り	新潟税関事務の成績	大隈重信文書
1881.05	当港之儀は北海枢要之海門	新潟港修築嘆願	大隈重信文書
1881.07	東南山を負ひ西北海に臨む	治水の建議	新潟県議会議事録
1884.11	北海冬季風浪怒涛之為め	鉄道敷設之儀	鉄道院文書
1885.12	本県の地は北海に瀕し	鉄道延接建議	新潟県議会議事録
1891.11	北海の波浪一たひ冬季に	鉄道延長請願の要領	小柳家文書
1893.08	北海に瀕する枢要の商業地	貨物運送賃金の義に付願	同上
1894.08	北海沿岸…、日本海沿岸…	宮津港をして日本海の貿易港	小西安兵衛編
1894.09	新潟は北海々防ノ枢要地	岩越鉄道株式会社創立願	鉄道院文書
1894.11	日本海の通商航海漸く旺盛	北越鉄道新潟市接近停車場	山口育英奨学会

資料：芳井研一（2002）

　日本の地域住民たちが長い間呼称していた伝統地名である北海は、明治後期まで、古地図に表記されることは滅多になかったが、本の本文や記事においては頻繁に使用された。そのため、日本において北海は本州の北側の海を指す用語として 20 世紀初頭まで日本人たちの心の中に息づいていた（Yaji Masataka, 2011）。

2　19世紀前後に登場した外来地名

　谷治正孝（2011）によると、日本においては江戸時代中期の著名な地図製作者・石川流宣と後期の長久保赤水が日本地図を製作したが、これらの地図には海の名称が記載されていない。但し、1780年の長久保赤水の地球万国山海輿地全図説には、日本の東側の太平洋に小東洋、そしてカリフォルニア半島沿岸に大東洋と表記されている。これは、中国から日本に伝わったマテオ・リッチの坤輿万国全図と同じ記載方式である。しかし、この地図では坤輿万国全図に表記された日本海の地名が省略されている。長久保赤水は、広域の海の地名は表記したが、この海域には日本における伝統的に海の名称を付けない慣習に従ったのである。18世紀末に、ようやく日本の古地図においてこの海域に様々な類型の海の名称が発生した。

最初に地図に表記された日本内海

　19世紀を前後して日本で製作された古地図のうち、この海域に名称が表記された初めての地図は、1792年の司馬江漢の地球全図である。製作者の司馬江漢は元々浮世絵師であったが、後に長崎で学んだ洋風画に魅了され洋風画家及び蘭学者として活動した。また、彼は地動説と世界地理を日本社会に広く紹介した。

　司馬江漢が完成させた地球全図は、17世紀後半にアムステルダムで発行されたジャイヨ（H. Jaillot）の世界地図を参考にして製作したもので

3-2　司馬江漢（1747-1818）

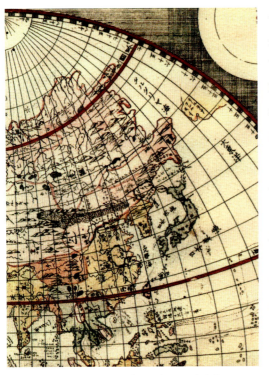

ある。彼は、1792年に双円式世界地図に当たる輿地全図を日本で初めて銅版で刊行した。また、1793年には銅版地球全図を刊行しており、原図は輿地全図と同じでジャイヨの世界地図である。しかし、前年度に製作した輿地全図を改訂し、地名も改訂及び増補が行われた（岡田俊裕, 2011a）。

地球全図は2つの円によって描かれた世界地図で、左側の円にはアメリカ大陸、そして右側の円にはユーラシア、アフリカ、オーストラリア大陸が描かれている。ジャイヨの世界地図には

3-3 地球全図（1792）の日本内海

日本列島周辺に海の名称がないが、司馬江漢の地球全図には朝鮮と日本の間の海域の名称として日本内海、日本列島南東の太平洋側に日本東海、そして現在の東シナ海に支那海と表記されている。したがって、地球全図のこの海域に記載された日本内海という名称は、司馬江漢が個人的に付けたものである。さらにジャイヨの世界地図にはないものが地球全図には付記されており、それは地図の余白の地動説に関する日食と月食の絵、南極と北極の絵、グリーンランドと動物の絵、南方の植物の絵などの諸々の海外知識である。

最初の朝鮮海表記古地図

日本の古地図において初めて朝鮮海という地名が表記されたのは、1794年の桂川甫周の『北槎聞略』に収録された亜細亜全図と皇朝輿地全図である。この

3-4 亜細亜全図（1794）の朝鮮海

3-5 皇朝輿地全図（1794）の高麗海

第3章 日本の伝統地名と外来地名 99

本の内容と収録された地図は、ロシアと深い関連がある。江戸時代後期に三重県を中心に運輸業を営んでいた船長・大黒屋光太夫らは、1782年に江戸に向かっていた船舶が激しい嵐に襲われて漂流し、ロシア・カムチャツカに漂着した。船の一行はロシアで10年近くを過ごし、首都サンクトペテルブルクでエカチェリーナ2世に会って故郷への帰国を訴願し、ついに1792年、北海道根室港に帰ってきた。

桂川甫周は江戸時代後期に活躍した幕府の医師で、世界地理とロシア地理の研究者でもある。彼は、大黒屋光太夫一行のロシアでの体験と見聞を基に『北槎聞略』を著して幕府に献上した。この本には漂流から帰還までの旅程、ロシアの言語、地名、風土、地理、歴史、産業、教育などが詳細に記述されている。また、この本にはロシアから大黒屋光太夫らが持ち帰った10枚の写本及び翻訳地図が収録されている。その中の亜細亜全図には朝鮮の東側に朝鮮海と記載されているが、これはロシアの地図に表記されていた海の名称を日本語に翻訳したものである。また、皇朝輿地全図にはこの海域の中央にロシア語で高麗海（Море Корперь）、すなわち韓国海と記されている。

最初の日本海表記古地図

ついに19世紀になると、日本の古地図に日本海という表記が登場しはじめる。世界で初めてこの海域に日本海が表記されたマテオ・リッチの坤輿万国全図は、1602年に中国・北京で製作され、翌年に朝鮮と日本にも伝えられた。しかし、その後200年の間、日本の地図製作者らにおいて日本海という表記は継承されなかった。日本に伝えられたマテオ・リッチの坤輿万国全図は、現在宮城県図書館と京都大学附属図書館にそれぞれ所蔵されている。

日本で初めて日本海という表記が登場したのは、坤輿万国全図系統の複数の古地図においてである。まず、1802年に完成された稲垣子戢の坤輿全図が代表的である。地図製作者は天文や地理などを学び、1802年に『坤輿全図説』を著した。その内容からみて、坤輿全図は坤輿万国全図に注記された世界各国の地

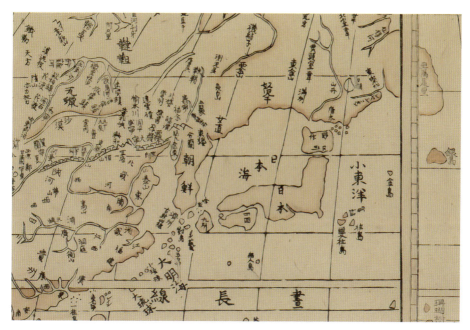

3−6 坤輿全図（1802）の日本海

理的記述を集めて日本語で改訂したものである。地図の凡例に、原図は大型で常用して見るには煩わしいので、これを小型の地図にすると書かれている。ただし、各国の境界は島や地勢などと共に少しも自身の判断を加えなかったとしている。著者は大型（169 × 380cm）の坤輿万国全図を縮小して小型（54 × 114cm）の坤輿全図を完成させる過程において、多くの地名と注記を簡略化しているが、比較的原図に忠実に表現している。しかし、200年前の地図を19世紀初頭に描き直したものであるため、地理的情報は時代にそぐわないものである。すなわち、19世紀初頭に日本では蘭学者らによってオーストラリア大陸の存在が明確になっていた。著者は自身の坤輿全図にそれを反映させておらず、原図に忠実だったのである。坤輿全図の東アジアの海の名称は、坤輿万国全図と同じように朝鮮と日本列島の間に日本海、東シナ海に大明海、そして日本列島東側の太平洋に小東洋と表記されている。

同年に著述された山村昌永（＝山村才助）の『訂正増訳采覧異言』に収録された亜細亜洲輿地全図と亜細亜洲東方日本支那韃靼諸国図にも日本海が表記さ

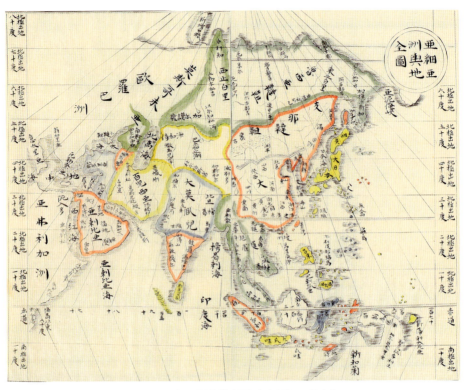

3-7 亜細亜洲輿地全図（1802）の日本海

れている。そして、著者は1806年の華夷一覧図でもこの海域の名称として日本海を使用している。

　著者の山村昌永は江戸時代後期の蘭学者で、当代最高の世界地理学者であった（岡田俊裕, 2011a）。彼は西欧の歴史と地理、風俗などを記録した新井白石の『采覧異言』を一部改訂し、大幅に増補して1802年に世界地理書である『訂正増訳采覧異言』を完成させた。主に西洋の資料に基づいて『采覧異言』の天動説に関する説明を改訂し、地動説に基づく天体の構造を解説した。また彼は、『采覧異言』には地図がなかったが、1676年にアムステルダムで発行されたゴース（P. Goos）の『万国航海図説』などの西洋の資料を多数収集及び参照して、計18枚の地図を別冊としてまとめた。

　山村昌永の地図は多数の西洋で製作された地図を参考にして作られている

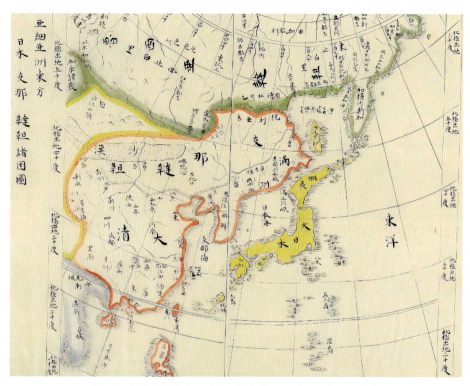

3-8　亜細亜洲東方日本支那韃靼諸国図（1802）の日本海

が、『訂正増訳采覧異言』の引用目録には坤輿万国全図も挙げられている。したがって、彼の地図は蘭学系統であるが、日本海の名称の系譜は、少なくとも坤輿万国全図からも続いているということは否定できない（青山宏夫, 2007）。

3 19世紀前半の官撰古地図と地方地図

官撰日本辺界略図の朝鮮海

　江戸幕府は 1800 年代に入ると、18 世紀末から始まった西洋人によるこの海域探査及び外国船舶の頻繁な出没、クリル列島を南下するロシアの脅威などにより、世界の情勢を把握しようとした（帝京大学地名研究会, 2010）。特に、幕府は 1804 年に仙台藩出身の漂流民がロシアから持ち帰った『環海異聞』に収録された世界地図から刺激を受けて、1807 年に天文方の高橋景保に西洋の書籍に基づいて世界地図を作成するように命じた（岡田俊裕, 2011a）。幕府は、日本周辺地域の情勢を把握するために緊要であるという認識から世界地図の製作に着手したのである。

　責任者の高橋景保は江戸時代後期の蘭学者、天文学者、地理学者で、1804 年に死去した父の後を継いで 20 歳の若さで天文方に就任し天文学の責任者として活躍した。地図製作者の高橋景保はできるだけ地理情報を多数収集して、1809 年に新鐫総界全図と日本辺界略図、そして 1810 年に新訂万国全図を完成させた。これらはみな銅版で印刷された。

　両半球の世界地図である新鐫総界全図は、新訂万国全図を製作する前に試みた作品である。西洋の最新の地理的知識に、間宮林蔵の北方地域探険の成果を反映させてサハリン（樺太）を島で表すなど、当時としては世界最高水準の地図であった。また、この地図は西洋の地図とは異なって日本が中央に来るように考案するなど、独自性もみられる。地図において西半球には地中海、アラビア海、ベンガル海、そして東半球には太平海、南太平洋海などの海の名称が記載されているが、朝鮮と日本の間の海域には名称が表記されておらず、ただ陸

104

3-9 日本辺界略図（1809）の朝鮮海

地に朝鮮という国名が記載されている。この地図には日本一帯が簡単に表現されているが、これを補完する目的で日本周辺に重点を置いた日本辺界略図が製作された。

　日本列島とその周辺を詳細に示した日本辺界略図は小型（22×34cm）の日本地図で、緯度の起点は京都である。地図に示された地域的範囲は、日本、朝鮮、満州を中心に北はシベリア、オホーツク海、カムチャツカ南部、そして南は琉球諸島に至る。特に、地図において北海道は伊能忠敬と間宮林蔵による実測図が利用されており、ほぼ正確な形をしている。この地図に表記されている海の名称は、朝鮮の東側の朝鮮海、現在の中国・ボー海の渤海、そしてカムチャッカ半島西側のオホーツク海の3つだけである。19世紀以前の西洋の古地図において、朝鮮と日本列島の間に韓国海（Sea of Korea）、そして日本列島東側の太平洋に日本海と表記されたものを見つけるのは難しくないが、1809年に製作された日本辺界略図には太平洋側にいかなる海の名称も記載されていない。

　この地図は、第4章で述べるようにシーボルト（P. F. B. Siebold）がオラン

第3章　日本の伝統地名と外来地名　105

ダ政府の支援を受けて 1832 年から刊行したシリーズ『日本（NIPPON）』という研究書に転載されて翻訳本がヨーロッパに紹介された。しかし、シーボルトは高橋景保が製作した原本の日本辺界略図の朝鮮の東側に記載された朝鮮海を削除し、彼の翻訳版日本辺界略図には日本の本州の海岸沿いにドイツ語で日本海（Japansche Zee）を新たに表記した。こうして、この地図は西欧において朝鮮と日本の間の海域の名称として日本海が西洋の人々に普及及び認識されるのに一層貢献した。

官撰新訂万国全図の朝鮮海

　江戸幕府の命令によって、高橋景保は 1810 年に東西両半球からなる大型（114 × 199cm）の新訂万国全図を完成させた。彼は、幕府に提出するために自らの手で描いた地図と銅版地図を一緒に製作した。蘭学系統の世界地図の伝統に従い、世界を両半球の双円で表現した。但し、西洋で製作された世界地図と異なり、左側にヨーロッパ、アフリカ、アジア、オセアニアを含む半球を置いて西半球と呼び、右側に南北アメリカを含む半球を置いて東半球と呼んだ。製作者は、日本とオセアニアが地図のほぼ中央に来るように考慮した。

　高橋景保は、この地図を製作する過程においてイギリスのアロースミス（A. Arrowsmith）が 1799 年にメルカトル図法で製作した最新世界海図を主に参考にした（岡田俊裕, 2011a）。ここには、イギリス人ジェームズ・クック（J. Cook）の太平洋探険とフランス人ラ・ペルーズ（La Pérouse）の太平洋探険の成果も含まれている。さらに、この地図には 1809 年に間宮海峡を確認した間宮林蔵の探険成果も反映されており、当時、洋の東西を問わず最も正確な万国全図であり、最高の力作であった。

　新訂万国全図には、朝鮮の東側に朝鮮海、そして日本列島東側の太平洋に大きく大日本海と表記されている。西洋の古地図において、海域の名称は海の左側に位置する陸の名称に従うのが一般的である。このような理由で、西洋の古地図には、この海域に韓国海、そして日本列島東側の太平洋に日本海と表記さ

3-10　新訂万国全図（1810）の朝鮮海

れたものが多数存在する。しかし、第4章において後述するように、西洋においては18世紀末にフランスのラ・ペルーズが太平洋を探検して以来、1797年にフランス政府が製作した地図においてこの海域の名称が日本海と表記されたことに伴い、19世紀初頭からヨーロッパ全域に日本海が徐々に拡散した。

　西洋の傾向とは反対に、高橋景保は幕府の天文方として西洋の新しい地図に接する機会が多かったにもかかわらず、1810年に彼が製作した新訂万国全図にはこの海域の名称として18世紀まで西洋の人々が最も多く使用していたコリア海、すなわち朝鮮海が採用された。そして、日本の古地図において、「大」を付けた日本海の地名が新訂万国全図に初めて登場する。したがって、当時の幕府は、この海域よりも大日本海と表記された日本列島東側の太平洋により高い関心を抱いていたものと推測できる。

　幕府が太平洋沿岸を大日本海と表記した証拠文献が開国後にもあるが、19世

第3章　日本の伝統地名と外来地名　　107

紀初頭の段階において幕府にそのような考え方があったのか、あるいは高橋景
保の個人的な好みによるものなのかを決定付ける史料はみられない（谷治正孝，
2011）。

官撰古地図の影響と朝鮮海

　幕府によって1809年と1810年に完成された官撰日本辺界略図と新訂万国全
図に朝鮮海が表記されたことにより、それ以降、日本の民間において製作され
た古地図におけるこの海域の日本海表記の割合は低くなった。この時期の日本
の古地図においてこの海域に日本海の地名が入ったものは、1837年の小佐井道
豪の北極中心世界地図、1852年の新発田収蔵の新訂坤輿略全図の二点だけであ
る（谷治正孝，2011）。一方、日本の古地図におけるこの海域の朝鮮海という表
記は、1855年に官撰重訂万国全図が刊行される前まで持続した（表3）。
　19世紀前半に民間で製作された古地図の中には、高橋景保の日本辺界略図と
同じようにこの海域に朝鮮海と表記されたものもあり、また新訂万国全図のよ
うにこの海域に朝鮮海、そして日本列島東側の太平洋に大日本海と記載された
ものもある。後代になるほど、民間の地図製作者らにより朝鮮海が表記された
官撰及び私撰地図が繰り返し模写される過程において、亜流の作品が登場した。

表3　朝鮮海が表記された古地図と海の名称

年度	製作者（発行元）	古地図	海の名称	
			朝鮮の東側	日本の東側
1829?	存統	閻浮提図附日宮図	朝鮮海	大日本海
1844	箕作省吾	新製輿地全図	朝鮮海	大日本海
1850	栗原信晁	地球万国全図	朝鮮海	大日本海
1850	安田雷洲	本邦西北辺境水陸畧図	朝鮮海	–
1851	杉田玄端 訳	両半球図	朝鮮海	日本海
1852	中島翠堂	地球万国方図	朝鮮海	大日本海
1853	中島翠堂	地球万国方図	朝鮮海	大日本海
1853	鈴亭谷峨 蔵板	万国地球全図	朝鮮海	–
1854	工藤東平	大日本沿海要疆全図	朝鮮海	大日本海
1854	中条信礼	皇国地勢略図	朝鮮海	–
		地球西半面之図	–	大日本海
1854	長山貫	大日本唐土輿地全図	–	大日本海

3−11 閻浮提図附日宮図（1829?）の朝鮮海

　官撰新訂万国全図を見て描いた最初の地図は、存統の閻浮提図附日宮図である。閻浮提は仏教的宇宙観でインド中心の現実の大陸をいう。この地図には刊行年度に関連して序文に 1808 年（文化 5 年）と記載されているが、これは新訂万国全図を模写したものである（青山宏夫，2007）。実際の完成は、1828 年の存統の天竺輿地図以降とみられている。閻浮提図附日宮図に描かれたユーラシア及びオーストラリアは、その形状と地名が全て官撰新訂万国全図とほぼ一致する。官撰新訂万国全図には世界が西半球と東半球で示されているが、存統は仏教的世界観から地球の球体説を否定していたため、ただ西半球の地図を平面に広げたのである。この地図では朝鮮周辺の海の名称が、官撰新訂万国全図と同じように朝鮮の東側は朝鮮海、そして日本列島東側の太平洋には大日本海と記載されている。

第 3 章　日本の伝統地名と外来地名　109

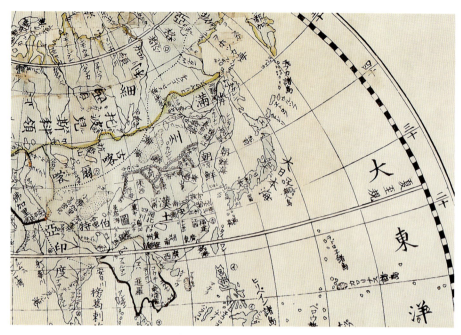

3－12　新製輿地全図（1844）の朝鮮海

　蘭学の俊才・箕作省吾は26歳の若さで死去したが、新製輿地全図は彼が死去する2年前の1844年に完成されたものである。この地図の凡例には1835年のフランス版地図が原図であると書かれているが、地図の形状と地名はほとんどが官撰新訂万国全図と一致する。新訂万国全図は銅版だがこの地図は木版であり、細密であると同時に最新の内容を含んでいる。地図製作者は新製輿地全図を製作しながら世界地理書『坤輿図識』を刊行し、当時の人々の世界観の形成及び世界地理の知識の啓蒙に貢献した（岡田俊裕, 2011a）。地図に見られる特色は、政治区画を厳密に区分し、各国の属領についてはカタカナでルビを振り所属本国を明らかにしている。新製輿地全図の海の名称は、新訂万国全図と同じように朝鮮の東側に朝鮮海、そして日本列島東側の太平洋に大日本海と記載されている。

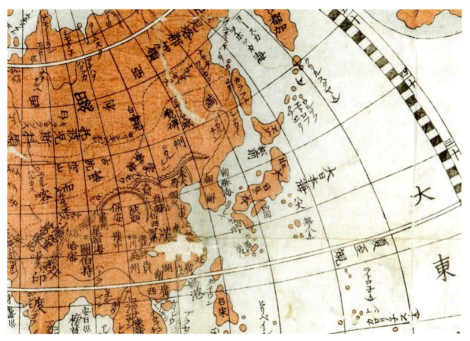

3−13 地球万国全図（1850）の朝鮮海

　新製輿地全図に基づいて、栗原信晁は1850年頃に地球万国全図を完成させた。この地図には、朝鮮の東側に朝鮮海、そして日本列島東側の太平洋に大日本海と記載されている。地図製作者は地図に関する説明で、「この地図の原図は1835年にフランス人が製作したものであり、地図製作が風変わりで字画が細くて小さく模写に不都合であった」と記述している。しかし、これと同じ内容が1844年の箕作省吾の新製輿地全図にもあることからみて、この地図は明らかに箕作省吾の地図に基づくものである。特に両半球図の内容を比較してみると、地図の形状と地名はほぼ一致する。しかし、地名の中で新製輿地全図にないものが新訂万国全図に見られ、付図4点は新訂万国全図に基づくものである。この時期に地球万国全図と似た嘉永校定東西地球万国全図が刊行され、この他にもこの系統の他の版本地図は10数種類を超える。

第3章　日本の伝統地名と外来地名　　111

3-14　本邦西北辺境水陸畧図（1850）の朝鮮海

　1850年に本邦西北辺境水陸畧図を完成させた安田雷洲は、江戸時代後期の洋風画家で、司馬江漢の後を継いで銅版画家として活動しながら銅版画を多数制作した。また、1831年には地図投影法を説明した『地球度割図解』、1846年にはメルカトル図法の世界地図である『銅版万国輿地方図』を刊行した。彼は、1809年の高橋景保の日本辺界略図を模写して本邦西北辺境水陸畧図を描いた。この地図の日本と朝鮮、そしてその周辺地域の形状は日本辺界略図と同じであるが、クリル列島とサハリンの地名は日本辺界略図よりも増えているのが特徴である。これは、日本北側の辺境地域に対する製作者の強い関心が地図に反映されたものである。安田雷洲は、原図の日本辺界略図と同じように朝鮮の東側にこの海域の名称として朝鮮海を記載した。

　幕末には、オランダ書籍を中心に多くの西洋の教育資料が日本に伝えられた。そのうち、オランダの教育家プリンセン（P. J. Prinsen）が1817年に完成させた『高校地理教科書』は、日本人の世界観の認識に大きく貢献した。この本は、医学者であり蘭学者でもあった杉田玄端によって1851年に『地学正宗』とし

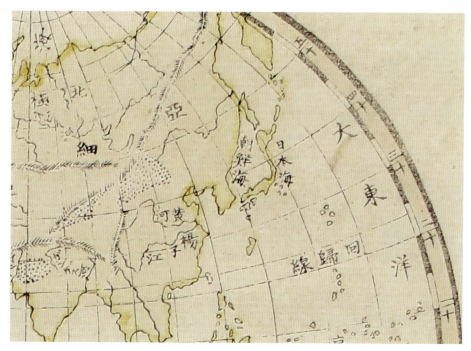

3－15　両半球図（1851）の朝鮮海

て翻訳刊行された。この本の付図の『地学正宗図』には20枚の世界地図が収録されているが、国号と地名が省略されているのが特徴である。この付図に掲載された両半球図には、朝鮮と日本列島の間に朝鮮海、そして日本列島東側の太平洋に日本海が記載されている。プリンセンの原図には海の名称がないが、杉田玄端は官撰新訂万国全図とその系統の地図を見て、翻訳した地図に朝鮮海と日本海を新たに表記したものとみられる。

　1852年と1853年に刊行された中島翠堂の地球万国方図は、幕末に方眼図法で出版された最初の世界地図である。この図法は近世初期のヨーロッパにおいて一時期使用されたが、19世紀半ばにこの図法の地図が日本において登場するのは時代的に遅いように感じられる。なぜなら、当時の世界地図製作の流れは、高緯度になるほど緯線の間隔が広くなるメルカトル図法を受け入れるものであったが、製作者は地図に緯線の間隔が同じ方眼図法を使用しているからである。この地図の地名と形状、凡例の文章は、1810年の高橋景保の新訂万国全図を踏襲したものである。ただ平射図法を方眼の経緯線網の中に移しただけに

第3章　日本の伝統地名と外来地名　　113

3－16　地球万国方図（1852）の朝鮮海

すぎず、新たな資料による補完は見られない。そして、5大州に関する総説は、1845年の箕作省吾の『坤輿図識』の各州の総括を抜粋したものである。中島翠堂の地図には、朝鮮と日本の間の海域が朝鮮海、太平洋は北太平洋と南太平洋、そして日本の近くに大東洋、大日本海と表記されている。高橋景保の日本辺界略図と新訂万国全図、そしてこの系統の地図には、この海域の名称として朝鮮海が朝鮮の東側に記載されている。ところが、中島翠堂の地図は、新訂万国全図を踏襲しながらも朝鮮海が朝鮮と日本の間の海域の中央に表記されているのが特徴である。

　日本で官撰新訂万国全図が改訂される以前において、この海域を朝鮮海、そして日本列島東側の太平洋を大日本海と表記した最後の地図は、1854年の工藤東平の大日本沿海要彊全図である。地図製作者は、多数の国内外の地図資料を参考にして日本列島中心の大日本沿海要彊全図を完成させた。この地図の日本北方地域は、19世紀初頭にヨーロッパで製作されたアロースミスの日本・クリル地図、ゴロブニンのサハリン海図などと類似しており、沿海州は18世紀初

3－17　大日本沿海要疆全図（1854）の朝鮮海

第3章　日本の伝統地名と外来地名　115

頭に中国で製作された康熙図を継承している。この地図は、カムチャツカから琉球諸島に至る東アジア地域の中で日本列島を比較的明確に示している。特に北方地域は探険資料の成果を受け入れて、従来刊行されていた地図より正確である。しかし、地図において朝鮮の形状は歪曲の程度が大きい。海の名称は、元山湾東側に朝鮮海、そして日本列島東側の太平洋に南西方向に長く大日本海が表記されている。

　1854年の中条信礼の『和魂邇教』という本には朝鮮と日本が出てくる二枚の異なる地図があるが、著者はそれぞれの地図において海の名称を統一しなかった。この本を著した中条信礼は、天皇に仕えていた侍従の一人であった。当時の彼の職位は、現代の天皇の秘書官に当たる。江戸時代後期に完成された『和魂邇教』は、日本語で「ヤマトダマシイチカキオシエ」と読む。この本の題名は、日本固有の精神（和魂）の概要（邇教）という意味である。

　この本の役割は、天皇及び天皇の側近として仕える重要な職位にある者について天皇とはどのような立場にあるか、日本の国体は神話時代からどのように作られてきたか、日本人の魂とは何か、どのような特色を持つか、世界地図において日本（皇国）の位置はどのようなものか、などをまとめたものである。期待していた読者は自身の後継者と親族であり、彼らに日本が皇国、神国と呼ばれる理由を歴史的に理解させようとした。この本が刊行される1年前の1853年にはアメリカのペリーが日本に来航し、1854年3月には日米和親条約が締結され、官民を問わず多くの人々が世界に目を向けることとなった。著者は侍従という職位にあるときに、自身の後継者と親族に天皇中心の日本の姿を詳細に伝えようとしたのである。

3－18　『和魂邇教』（1854）

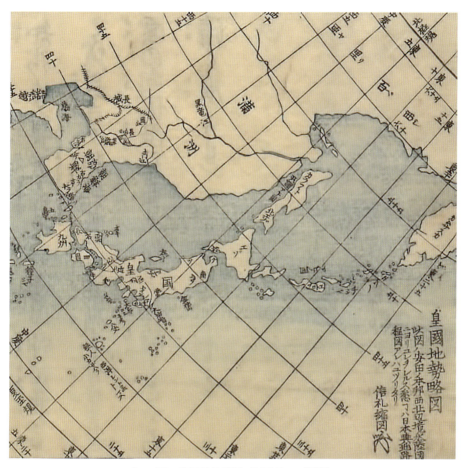

3-19 皇国地勢略図（1854）の朝鮮海

　この本に収録された皇国地勢略図は、日本本土（本邦＝皇国）と西北辺境の位置関係を示している。ロシアが日本の開国を催促する状況において、日本の西北辺境地域をロシアとの関係からより確実に知ることのできる地図である。彼はこの地図の右下に、「この地図は安田の本邦西北辺境水陸略図を参照した。詳細については日本輿地路程全図を参照されたし」と記した。この記の通り、この地図は先に述べた1850年の安田雷洲の本邦西北辺境水陸署図とほぼ類似している。すなわち、地図において朝鮮や日本など日本周辺地域の形状、そして朝鮮の東側に海の名称として朝鮮海が記載されたことも同じである。

第3章　日本の伝統地名と外来地名　117

3－20 地球西半面之図（1854）の日本海

　中条信礼の『和魂邇教』に収録された、アジア、オセアニア、ヨーロッパ、アフリカ中心の地球西半面之図も興味深い。この地図は日本から見て西側に広がる世界を描いたものであるが、先に述べた1850年の栗原信晁の地球万国全図から東半球の部分を抜粋して編集したものである。製作者は皇国日本の世界における位置を示そうとした。朝鮮と日本の形状は栗原信晁の地図と同じだが、この海域からは栗原信晁が表記した朝鮮海が削除された。そして、日本列島東側の海には、栗原信晁の地図にある大日本海が同じように記載されている。中条信礼は、『和魂邇教』に収録した皇国地勢略図と地球西半面之図において、朝鮮と日本の間の海域と日本列島周辺の海の名称の表記統一を図らなかったのである。

　この時期に朝鮮と日本列島の間の海の名称を表記せず、日本列島東側の太平洋に大日本海を表記した地図としては、1854年の長山貫の大日本唐土輿地全図

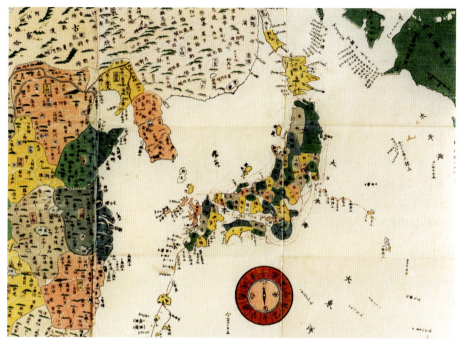

3−21　大日本唐土輿地全図（1854）の大日本海

が代表的である。この地図は、経緯線や縮尺表示がない粗雑な作品である。地図の題名に提示されているように、作者は日本と中国に重点を置いており、他の地域には関心が足りなかったものとみられる。地図において朝鮮の形状は非常に不正確であり、朝鮮周辺の海の名称も表記しなかった。サハリンは間宮林蔵によって島であるという事実が明らかにされたにもかかわらず、大陸と繋がったままである。中国の部分は、1850年に刊行された清二京十八省輿地全図の各省の地図を資料としているため、詳細なほうである。そして、日本と北方は同じ年に刊行された中島翠堂の日本輿地全図と類似しており、琉球は林子平の琉球国全図、太平洋一帯は官撰新訂万国全図と共通する。地図の裏面に添付された里程標の形式と内容は、中島翠堂の地図と一致する（海野一隆，2005）。

地方地図の北海

　日本の人々は遠い昔から韓国と日本列島の間の海を北海と呼称してきたが、北海が表記された日本の古地図は稀である。日本において北海という地名が記された古地図は、1842年の池田東籬の越後国細見図、1849年の松浦武四郎の蝦夷国沿革図などの地方図に見られるのみである。その理由は、18世紀末から日本の古地図に海の名称が表記されはじめた短い歴史、そして西洋の世界地図に記載された日本海と朝鮮海の地名を翻訳・刊行する過程において伝統地名の北海は地図製作者の関心の外にあったためとみられる。

　越後国細見図を完成させた池田東籬は元々江戸時代後期の小説家であったが、地図製作にも多数関与した。この地図において、越後国の日本語の発音である「えちごのくに」は、律令制に基づいて設置された日本の地方行政区分の一つで、現在のこの海域圏の中心地域である新潟県を指す。地図には南北が反対に描かれており、四方には東、西、南、北の方角が表示されている。各郡の境界は太線で示されており、地図の上の方には越後国に関する説明と大名、名所、寺と神社、名物などが記述されている。新潟県が面する海の名称は、佐渡

3－22　越後国細見図（1842）の北海

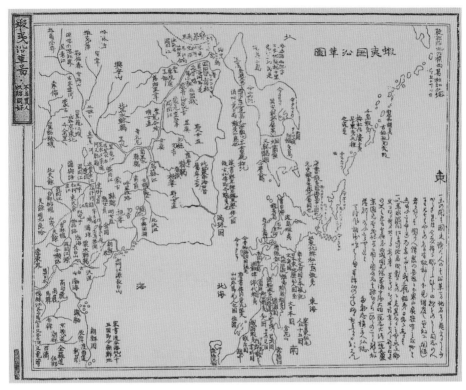

3－23　蝦夷国沿革図（1849）の北海

島南方に北海と表記されている。

　一方、蝦夷国沿革図を描いた松浦武四郎は、日本を隅々まで歩いて回った大旅行家で、特に蝦夷地の探検家として有名である。蝦夷国は、現在の北海道と北方のクリル列島を含む地域である。江戸時代まで、日本の人々は北海道、サハリン、クリル列島に居住するアイヌ族を指して蝦夷と呼んだ。地図製作者は、蝦夷地を旅しながら毎日の旅程に関して詳細な記録を残した。各地域の地名と地形の特徴、戸数と人口、産物、風習以外に、途中で出会ったアイヌの人々の名前までも書き留めた。

　蝦夷地の地理調査に着手した松浦武四郎は、1849年に初めて歴史地図の蝦夷国沿革図を完成させた。この地図は、北海道、サハリン、北方のクリル列島と満州、アムール川下流地域を描いたものである。地図の右下には日本、中国、

朝鮮の古典に出てくる呼称と記載を簡単に示し、それを木版本で印刷して同志たちに配布するという文章がある。地図製作者は、朝鮮と日本列島の間の海の名として朝鮮の咸鏡道の東側に「海」、そして日本の北海道南西の海に日本の伝統地名の北海を表記した。

4　19世紀半ばの官撰古地図と日本海

官撰古地図改訂の背景

　幕府は高橋景保がシーボルト事件によって 1829 年に獄死し、彼が製作した官版新訂万国全図が約 40 年以上経過したため、時代に合致した新しい世界全図の製作の必要性を認識した。また、1853 年にアメリカのペリー（Matthew C. Perry）提督とロシアのプチャーチン（Jevfimij Vasil'jevich Putjatin）提督が相次いで幕府との条約の締結を要求したことも一つのきっかけとなった。ついに 1854 年に日米和親条約、1855 年には日露和親条約が締結され、日本の対外政策は鎖国から開国へと転換された。日本人の視野と思考が井の中の日本から広い世界へと広がることを求められる中で、より正確な世界地図が必要だったのである。

　幕府は世界全図改訂の任務を、天文方の山路諧孝に担当するように命じた。彼は 1810 年に父の職を継承して幕府天文方となり、1829 年にはシーボルト事件によって処罰された高橋景保に代わってオランダ書籍を日本語に解釈する作業に邁進した。その後オランダの天文書の翻訳に従事し、1837 年には寒温計を製作し、1838 年には『西暦新編』と『新修五星法』を編集した。

　地図の改訂作業は、山路諧孝を中心に彼の長男・山路彰常と地理学者・新発田収蔵が関与し、1855 年に重訂万国全図を完成させた。新発田収蔵は、この作業に参加する前に新訂坤輿略全図を 1852 年に刊行した。彼はこの地図で、韓国と日本列島の間の海の名称として日本海をこの海域の中央に表記した。

第 3 章　日本の伝統地名と外来地名　　123

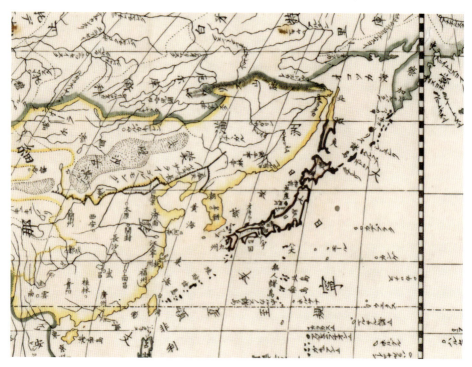

3-24　新訂坤輿略全図（1852）の日本海

官撰重訂万国全図の日本海

　山路諧孝は、重訂万国全図を完成させる過程において、1846年にドイツ人ソール（K. Sohr）とハントケ（F. Handtke）が製作した地図を模範とし、それ以外にも西洋の複数の地図を参照した。地図の大きさや形式は高橋景保の新訂万国全図を模倣し、銅版から木版に変わったが、地図の精密さはそのままである。新訂万国全図にあったジェームズ・クックの探険航路は削除され、日本周辺、オーストラリア南部、北アメリカ北部などは、改訂によって現実に近いものとなった。

　一方、朝鮮南部は以前の官撰新訂万国全図よりも海岸線の形状がむしろ歪曲している。特にこの地図には新しい地名が補完され増えており、海岸線には広

3－25　重訂万国全図（1855）の日本海

範囲にわたって小さな文字の地名がたくさん書かれている。国境線と海岸の部分はソールの地図と同じように彩色されている。この地図は1871年に再版されて一部の地名は修正され、国の区分は色分けされてより見やすくされた。日本は目立つように赤色で彩色されているが、これは明治初期に日本において製作された世界全図と地理付図の模範ともなった。

　幕府の命令によって製作された1810年の新訂万国全図と1855年の重訂万国全図を比較したとき、東アジアの海の名称の最も著しい違いは、新訂万国全図の日本列島東側の太平洋に大きく表記されていた大日本海と朝鮮の東側に小さく表記されていた朝鮮海の地名がどちらも消えた点である。すなわち、重訂万国全図のこの海域の中央に日本海が新たに表記され、日本列島東側の太平洋には大日本海に代わって大日本領と記載されている。19世紀半ばになって、ついに幕府天文方発行の万国全図において、日本海という名称が日本列島東側の太

平洋から朝鮮と日本の間の海域に移ったのである。

　重訂万国全図の東アジアの海の名称の表記は、先に述べた1852年の新訂坤輿略全図のそれと非常に似ている。つまり、両地図の共通点は、朝鮮と日本列島の間の中央に日本海が表記された点、日本列島東側の太平洋に大日本領が表記された点、そして中国大陸東側に黄海と東海が表記された点である。したがって、官撰重訂万国全図のこの海域から従来の朝鮮海が削除されて新たに日本海が表記されたのは、この作業に参加した新発田収蔵と密接な関連があることを否定できない。

5 19世紀後半の古地図における朝鮮海と日本海

　官撰重訂万国全図のこの海域に日本海が表記されたことにより、江戸時代末期から日本の民間で製作された古地図における日本海地名の受容は次第に増加することとなった。しかし、19世紀後半まで、日本において日本海という地名はなかなか定着しなかった。それは、第一に、朝鮮と日本列島の間に海の名称が記載されていない古地図が多数発見される点である。第二に、この海域に朝鮮海と表記された地球儀と古地図、そしてこの海域に海の名称がなく、日本列島東側の太平洋に日本海と表記された古地図が依然として見られるという点である。第三に、19世紀後半まで、この海域に朝鮮海と日本海の二つの海の名称を共に表記した古地図が存在する点である。これらの地図と海の名称の表記をまとめたものが表4である。

表4　19世紀後半の古地図と海の名称

年度	製作者 （発行元）	古地図	海の名称	
			朝鮮と日本の間	日本の東側
1855	沼尻墨僊	大輿地球儀	朝鮮海	日本海
1855	堀内直忠	地球儀	朝鮮海	大日本海
1856	角田万幸	地球儀	–	大日本海
1856	近藤崛山	亜細亜州之図	–	日本海
1862	広瀬保庵	環海航路新図	朝鮮海	–
1863	田浦泰菴	世界万国之略図	–	日本海
1865	藤原朝呂	大日本総界略図	朝鮮海、北大洋	大東洋
1868	橋本玉蘭斎	大日本四神全図	朝鮮海、日本西海	大日本東海
1871	村上義茂	地球万国方図	朝鮮海、大日本海	–
1873	博慣堂	万国輿地全図	朝鮮海、大日本海	–
1874	宮崎柳城	万国新図	朝鮮海、大日本海	–
1882	武田勝次郎	大日本朝鮮八道支那三国全図	朝鮮海、日本西海	大日本東海
1894	鈴木茂行	日清韓三国全図	朝鮮海、日本海	–
1894	田中仙之助	日露清韓真景地図	東朝鮮海、日本海	–

第3章　日本の伝統地名と外来地名　127

朝鮮海表記の地球儀と古地図

　近世日本においては、蘭学に対する関心によって早くからオランダより地球儀が伝来した。その影響によって様々な種類の地球儀が製作され、ここには朝鮮と日本の間の海の名称として朝鮮海の表記も見られる。日本で製作されたもののうち、年代が確認できる最古の作品は、1690年の渋川春海の地球儀である。江戸時代に活躍した沼尻墨僊も地球儀の製作者として有名である。彼は、山路諧孝の官撰重訂万国全図が刊行された1855年に大輿地球儀を完成させた。この地球儀は折り畳み形式で持ち運びやすいようになっており、ここに描かれた世界地図は日本において初めて印刷されたものである。

　大輿地球儀に使用された世界地図は、1852年の新発田収蔵の新訂坤輿略全図である。この地図はマテオ・リッチ系統の小型の世界地図で、情報の正確性の面では幕末の世界地図の中で最も優れたものと評価されている。マテオ・リッチの坤輿万国全図と新発田収蔵の新訂坤輿略全図には、この海域の名称が日本海となっている。しかし、沼尻墨僊は大輿地球儀においてこの海域を日本海ではなく朝鮮海と表記した。地球儀製作者は、海の名称を表記するにあたって19世紀前半の日本の古地図において一般的に使用された朝鮮海の表記に従ったのである。同じ年に製作された堀内直忠の地球儀にも、この海域が朝鮮海と表記されている。これは、製作者が球面上の世界地図を作る際に朝鮮海が表記された1844年の箕作省吾の新製輿地全図を参照したからである。

3－26　大輿地球儀（1855）の朝鮮海

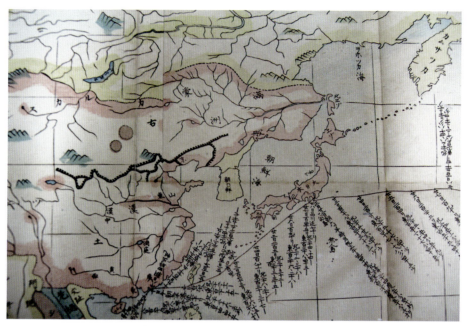

3－27　環海航路新図（1862）の朝鮮海

　官撰重訂万国全図にこの海域が日本海と表記された以降も、民間で製作された古地図に朝鮮海という表記が依然として見られる。その代表的な地図が、1862年の広瀬保庵の環海航路新図である。広瀬保庵は、森田岡太郎に付いて1860年に幕府の第1回遣米使節団に医師の資格で乗船した。この地図には、遣米使節団が日本から太平洋を横断してアメリカの東西海岸、大西洋、アフリカ西岸、喜望峰を経由して帰国するまでに辿った経路が日付と経緯度を含めて詳細に記録されている。地図の下の部分には世界一周の行程が書かれているが、広瀬保庵は別途に環海航路日記を刊行した。この地図は、日本人で初めて世界航海を記録した公式地図として意味がある。しかし、航路に関する記録に主眼を置いているため、地名などの記載は少ないほうである。この地図には、この海域の中央に朝鮮海が表記されている。

日本列島東側の海に表記された日本海

　官撰重訂万国全図にこの海域が日本海と表記されたが、それ以降も日本では東側の太平洋に日本海と表記された古地図が見られる。1856年に刊行された亜細亜州之図は、『地球万国分図』という世界地図集に収録されたものである。この地図集には日本が上部に来るように描かれた地球儀形式の東半球図をはじめ、東西両半球図、6大州の各地図（アジアは2枚）、そして最後に西洋での探険航海史に関する記述がある。

3-28　亜細亜州之図（1856）の日本海

6大州の各地図は、詳細で精密なほうである。新訂万国全図と比べると、5度ごとの経緯線、岬、島、海峡、河川などの記号をはじめ、地図の形状と地名の大部分が一致する。しかし、オーストラリア南部は箕作省吾の新製輿地全図、そして新発見された南米大陸は新発田収蔵の新訂坤輿略全図に基づいてそれぞれ補完されている。製作者の近藤峴山は、既存の蘭学資料を集めて携帯と閲覧がしやすいように一般大衆向けに地図集を再構成したのである。その後、地球万国分図は1870年の改訂版を含み、複数の種類の異なる版本が刊行された。この地図におけるこの海域の名称は、地図集製作の参考にされた新訂万国全図と新製輿地全図に記載された朝鮮海、そして新訂坤輿略全図に表記された日本海という地名の混乱のせいか何の表記もなく、単に日本列島東側の太平洋に日本海が表記されている。

　江戸時代後期に刊行された国語辞典を通じても、当時の日本人の、世界と日本の形状、そして地名に対する認識を把握できる。1863年に田浦泰菴が編集した『大福節用』という辞典には、前の部分に世界万国之略図、大日本国地図、京都と江戸、大阪地域の略図がそれぞれ描かれており、本文には万国の人物、獣、虫、魚、料理、囲碁、昔の貨幣、年中行事、戦に使われる道具、男女間の性、王朝、年号など、自然と人文に関する生活中心の百科事典的知識が絵と共に記述されている。この本に収録された世界万国之略図には、朝鮮と日本の間の海域に名称の表記がなく、日本列島東側の太平洋に日本海が表記されている。編集者はこの地図に地名を表記するにあたって、1602年のマテオ・リッチの坤輿万国全図と、1810年の高橋景保の新訂万国全図系統の地図を参考にしたものとみられる。すなわち、編集者は新訂万国全図系統の地図に見られる朝鮮海はこの海域から削除し、日本列島東側の大日本海は日本海と表記したのである。そして、坤輿万国全図系統の地図に見られる大明海は東シナ海にそのまま表記し、太平洋には小東洋を大東洋に修正して表記した。

第3章　日本の伝統地名と外来地名　131

3−29 世界万国之略図（1863）の日本海

一つの海域に表記された二つの海の地名

　先に述べたように、1855年に官製重訂万国全図が刊行されて以来、日本の古地図にこの海域の名称として日本海の表記が増加すると同時に、二つの海の名称を表記した地図が登場した。これは、日本において日本海という地名が定着していなかったことを示す例であり、過渡期に見られる現象である。19世紀後半まで日本の古地図に表記されたこの海域の二つの地名は、朝鮮海・北大洋、朝鮮海・日本西海、朝鮮海・大日本海、朝鮮海・日本海、東朝鮮海・日本海の5種類である。この海域を二つに分けて、朝鮮の東側の海に朝鮮海、そして日本列島西側の海に北大洋、日本西海、日本海を基本的に使用し、またこれらを応用した海の名称が使用された。これらの地名が表記された地図の特徴は、次

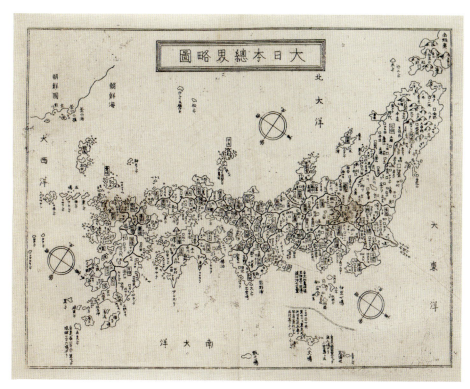

3－30　大日本総界略図（1865）の朝鮮海と北大洋

の通りである。

　第一に、朝鮮海と北大洋が記載された大日本総界略図は、1865年に刊行された官許『大日本国細図上・下』という地図集の上巻に収録されたものである。上巻の東国之部は、世界万国全図、大日本総界略図、畿内の5ヵ国の地図である東海図、東山図、北陸図などの地図で構成されている。大日本総界略図は日本の各地域を区分し、隣国朝鮮の釜山一帯が簡略に示されている。日本列島を中心にして周辺の海の名称は、太平洋に当たる東側に東大洋、西側に西大洋、北側に北大洋、南側に南大洋、そして朝鮮の釜山東側の海上に朝鮮海が表記されている。この海域の名称としての北大洋は、日本列島北側にある大きな海という意味で使用されたものである。

第3章　日本の伝統地名と外来地名　　133

3－31 官許大日本四神全図（1868）の朝鮮海と日本西海

　第二に、朝鮮海と日本西海が表記された1868年の官許大日本四神全図である。製作者の橋本玉蘭斎は、地理と地図の知識で鳥瞰図を描くことを楽しみとしていた浮世絵師であった。特に彼は、江戸幕府末期に開港場横浜の鳥瞰図、居留外国人と彼らの風俗図、文物などを題材に江戸時代の風俗画を多数残した。この地図には、朝鮮の東側に朝鮮海、そして日本の本州を中心に西側に日本西海、東側に大日本東海、南側に日本南海とそれぞれ表記されている。大日本四神全図は当時の日本の明治政府の官許地図であり、この海域に二つの海の名称が記載されている。これは、日本政府と地図製作者の考えの中で日本海が定着していなかったことを意味する。1882年には、武田勝次郎がこの地図を模写して大日本朝鮮八道支那三国全図を完成させた。

3-32 万国新図(1874)の朝鮮海と大日本海

　第三に、朝鮮海と大日本海が記載された万国新図は、イギリスの世界地図を原図として1874年に宮崎柳城が完成させたものである。イギリスをはじめとするヨーロッパが地図の中央に置かれており、南北アメリカは右側、そして朝鮮と日本列島などのアジアは左側に位置している。この地図は航海目的で製作されたため、地図において海洋の形勢は詳細なほうであるが、内陸は簡単に描かれている。地図の下部には、主な人種の姿と世界の主要都市の市街地が略図で示されている。他の地図と比べると、海路や海洋地名などが詳細なほうである。この地図における海の名称は、朝鮮北東部と沿海州にかけて朝鮮海、そしてこの海域の中央に大日本海が表記されている。

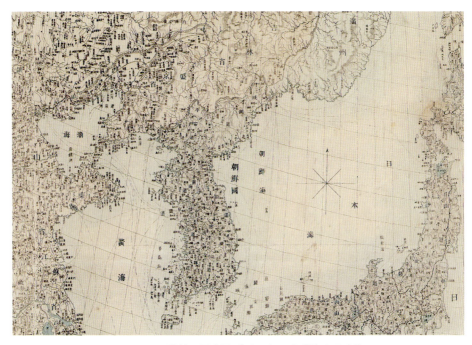

3－33　日清韓三国全図（1894）の朝鮮海と日本海

　第四に、朝鮮海と日本海が表記された日清韓三国全図は、1894年に鈴木茂行によって製作された。日本は1868年の明治維新以降、進んだ西欧の制度や文物を受け入れ、また、様々な種類の地図が政府と民間において製作された。特に、日本では1894年の日清戦争を前後して官撰及び私撰地図が最も多く刊行された。当時、日本の主な関心の対象であったユーラシア大陸の清、朝鮮、ロシアなどの国別全図以外に、これらの国々と日本との関係を把握するための日露清韓の東北アジア地図が多数発行された。このような時代的背景において、この地図は日本、中国、朝鮮の3国を概観できるように民間で作られたものである。地図の海の名称で注目すべき事柄は、朝鮮の東側に朝鮮海、そして日本列島西側の海に日本海が表記されている点である。

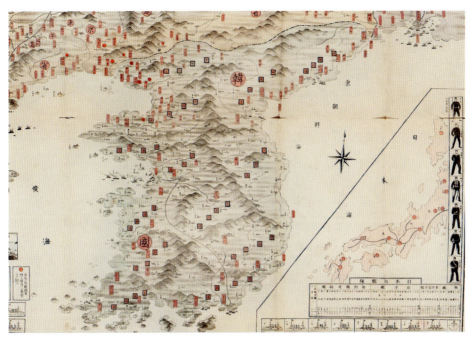

3-34　日露清韓真景地図（1894）の東朝鮮海と日本海

　最後に、東朝鮮海と日本海が表記された田中仙之助の日露清韓真景地図も、日清戦争が勃発した1894年に製作されたものである。戦争を理解するために、朝鮮と満州の主要地域が比較的詳細に示されている。地図には製作年度が1894年と記されているが、ロシア軍の姿が描かれていることからみて、日露戦争まで視野に入れて製作されたものとみられる。日本軍とロシア軍の姿が地図の両側に描かれており、また両国の戦力を把握できるように軍隊に関する各種の情報が記載されている。この海域の名称で注目すべき事柄は、朝鮮の元山湾付近に東朝鮮海、そして挿図で処理された日本列島西側の海に日本海が表記されている点である。この地図は民間で製作されたものではあるが、このような地図を通じて19世紀末まで日本において日本海の地名が定着していなかったことが分かる。

これは先に述べたように、19世紀を前後して西欧から日本に導入された朝鮮海と日本海の地名を巡り、19世紀半ばから地図において名称表記を巡る競合が続いたためである。19世紀末になると、日本の地図において日本海の表記が大きく増加し、朝鮮海の表記は相対的に減少することになる。そして続く第5章で後述するように、20世紀になると日本において外来地名の日本海は日露戦争をきっかけとして公式に定着することになる。

第4章

西洋において呼称された
様々な外来地名

　韓国と日本は、東海と日本海を巡る地名論争が始まって以来、それぞれの地名に関する正当性を確保するために、西洋の人々が製作した古地図に注目した。両国による調査の結果、16〜19世紀の西洋の古地図には、この海域に様々な名称（マンジ海、中国海、日本海、日本北海、韓国海、韓国湾、東洋海、東海、タタール海、併記など）が表記されているもの、地名が表記されていないものも多数存在する。しかし、19世紀前後に探検家、宣教師、日本研究者などの西洋人が東アジアに進出することで、19世紀初頭から西洋の古地図に日本海という表記が増加しはじめた。

1　年代別の海の地名表記の傾向

　東海と日本海の地名問題が本格的に議論されはじめた 1992 年以来、韓国と日本は国際社会において各地名の正当性を確保するために西洋の古地図に注目した。すなわち、韓国と日本の政府は、西欧の主な図書館に所蔵されている西洋の古地図を対象に、この海域の名称表記を時期別、類型別に調査した。まず韓国は、大英図書館、ケンブリッジ大学図書館、南カリフォルニア大学東アジア地図図書館、アメリカ議会図書館、ロシア国立図書館、フランス国立図書館などに所蔵されている古地図を調査した。その結果は表 5 の通りであるが、韓国はこれに基づいて西洋においては 19 世紀まで東海と日本海の地名がどちらも一般的に使用されており、日本海という地名が国際社会において定着したのは 20 世紀前半の日本の帝国主義と植民地主義の結果であると主張した。

　しかし、日本は韓国の調査結果の信憑性が低いとみた。その理由は、韓国側は東洋海と韓国海を東海に含めており、所蔵されている古地図全体を調査しなかったというものである。そこで、日本の外務省は 2002 年 10 月から 2008 年 3 月まで、イギリス、フランス、アメリカ、ロシア、ドイツなどの主な図書館及び古文書保管所に所蔵されている 16 ～ 19 世紀の古地図に対する全数調査を実施した。国別の調査結果を見てみると、欧米諸国の主な図書館に所蔵されている古地図における韓国と日本の間の海の名称表記の傾向は、時代別に似たような結果が出た。その中で最も多くの古地図が所蔵されているアメリカ議会図書館の調査結果は、表 6 の通りである。

表5 韓国の西洋古地図調査の結果

表記名称	16世紀	17世紀	18世紀	19世紀	合計
韓国海 東海 東洋海	–	39	341	60	440
日本海	–	17	36	70	123
その他	29	69	90	12	146
計	29	125	467	142	763

資料：The Korean Overseas Information Service（2004）

表6 日本の西洋古地図調査の結果

表記名称	1600年 以前	1601～ 1700年	1701～ 1800年	1801～ 1860年	1861～ 1900年	合計
日本海	1	3	47	417	642	1110
韓国海	0	2	94	82	10	188
中国海	3	11	8	0	0	22
東洋海	0	4	14	1	1	20
東海	0	0	1	0	1	2
併記	0	0	15	11	0	26
その他	0	3	6	5	6	20
判読不可	0	3	7	18	19	47
無表記	32	80	109	29	43	293
計	36	106	301	563	722	1728

資料：日本外務省（http://www.mofa.go.jp/mofaj 2016年8月10日閲覧）

　日本の外務省によると、アメリカ議会図書館の1300年～1900年の間に発行された単独の地図と地図帳のうち、この海域に海の名称が表記されている地図は計1,728点である。これらは、大部分がフランス、ドイツ、オランダ、イタリア、イギリス、アメリカなどで製作されたものである。この海域に名称が記載されている地図は1,435点で、日本海1,110点（77.4%）、韓国海188点（13.1%）、中国海22点（1.5%）、東洋海20点（1.4%）、東海2点（0.1%）、併記26点（1.8%）、その他20点（1.4%）、判読不能47点（3.3%）となっている。日本政府はこのような調査結果に基づき、日本海という名称は歴史的に19世紀の西洋の古地図に定着しており、現在、日本海の地名が国際的に確立しているという点を挙げている。

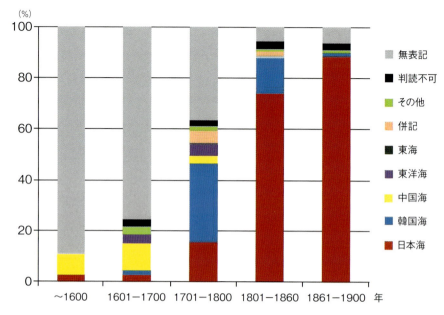

4-1　アメリカ議会図書館所蔵西洋古地図における
韓国と日本の間の海の名称表記の年代別の推移

　このように韓国と日本の調査結果は異なるが、いくつか共通性を抽出することができる。それは、西欧においては18世紀まで日本海より韓国海と表記した地図が多かったという点、19世紀からは日本海の表記が増加したという点である。そして、19世紀後半までこの海域に名称を表記していない無表記のものが多数存在し、韓国海及びその他の類型の海の名称が見られる点からみて、20世紀以前までに西欧社会において日本海が定着していたと断定するのは難しい。

2　16世紀後半の未知の東アジアと外来地名

　16世紀後半まで、東アジア、特に朝鮮、沿海州と北海道の北側の地域は、西洋の人々にあまり知られていない未知の世界であった。そのため、この時期に作られた西洋の古地図では、これらの地域の形状がひどく歪曲していたり、描かれていない場合もある。そして、この海域には大部分が何の名称も表記されておらず、少数の古地図に中国の地域又は国号を使用したマンジ海、中国海などがみられる。

中国南部の地域名称に起源を持つマンジ海

　青山宏夫（2007）は、西洋においてこの海域に名称が記載された最初の地図は、1561年のジャコモ・ガスタルディ（Giacomo Gastaldi）のアジア地図（La descrittione della prima parte dell'Asia）とみている。この地図に収録された地域の情報は、東アジアで活動していたイエズス会の宣教師と密接な関連がある。アジア宣教の開拓者、フランシスコ・ザビエルは、1542年にインドのゴア（Goa）に到着した後、インドとマレー諸島などで宣教活動を始めた。ザビエルはマレー諸島に滞在しているときに、中国と日本に関する若干の知識を得た。そして、1549年に日本の九州南端の鹿児島に上陸してから、1551年まで宣教活動を続けた。日本に滞在している間の宣教師たちの報告はローマ教皇庁に伝えられ、彼らが伝えてきた東アジアの地理情報にイタリアの地図製作者たちは部分的に接することができた。ヴェネツィア共和国で活躍していた地図製作者のガスタルディは、ローマ教皇庁の東アジアの地理情報に基づいてアジア地図を製作したのである。

　この地図は、16世紀半ばの東アジアに関する最高の地理情報を収録している。

4-2　アジア地図（1561）のマンジ海

しかし、当時、地図製作者は中国と日本の存在だけを確信しており、朝鮮に関する地理情報は皆無であったため、地図に朝鮮を描くことはできなかった。地図では、日本も鹿児島のある九州地方の一部が描かれているのみである。ガスタルディは、アジア地図において中国と日本の間の海、つまり現在の韓国を含む海域にマンジ海（MARE DE MANGI）という名称を表記した。13世紀に東方を旅したマルコ・ポーロの『東方見聞録』には、中国の華北地方を指すカタイ（Cathay）と、華南地方を指すマンジ（Mangi）という地名が登場する。マンジは南宋の支配地域と重なるが、この言葉は漢族が南方の全ての民族を蔑視して呼んだマンツー（蛮子）の原音の方言に起源を持つ。モンゴルが中国を支配していた時代に、モンゴルと近い関係にあった遼と金が支配していた華北に対して、依然として漢族の勢力が優勢であった華南は、モンゴルの人々から「マンジ」、「南人」と呼ばれて蔑視された。このように、マンジは漢族蔑視の背景から生まれた差別語で、中国南部地域を指す（辻原康夫，2001）。西洋の人々は、初期の東アジア地図の製作過程において、中国南部地域を指すマンジ（Mangi）

をこの地域の海の名称として表記したのである。

日本列島東側の海に表記された最初の日本海

　大航海時代に入り、東アジアは西欧社会により詳細に知られるようになった。ポルトガルのヴァスコ・ダ・ガマは、1498年にインドのカルカッタに到着した。その後、ポルトガル人たちは徐々に東進して1543年に九州南部の種子島に漂着し、日本に火縄銃を伝えた。東アジア（East Asia）地図は、1568年にポルトガルのディエゴ・オーメン（Diogo Homem）が描いたものである。現在、地図の原本はドイツのドレスデン（Dresden）王立図書館に保管されているが、状態が良くなく判読が難しい。この地図は、1903年に記録及び出版されたものを、ポルトガル政府がエンリケ航海王子の逝去500年を記念するために1962年に影印した地図集『ポルトガル地図の金字塔（Portugaliae Monumenta Cartographica）』（計5巻、索引1巻）に収録されている。

　地図において東アジアの形状は非常に不正確であるが、北西の大陸から南東に突き出た部分が朝鮮である。このような朝鮮の形状は、ディエゴ・オーメンの東アジア地図より前の1544年にポルトガルのロポ・オーメン（Lopo Homem）が製作したアジア地図にみられる。ディエゴ・オーメンの地図においては、朝鮮と日本の間の海域には名称表記がなく、日本列島の南東側の太平洋に日本海（Mare de Japã）が記載されている。これは、日本海の表記位置が現在と異なるが、世界で初めて日本海という地名が発生したという点で注目に値する。西洋における海の名称としての日本海の登場は、国名の日本と密接な関連があるが、その情報はマルコ・ポーロの『東方見聞録』に詳しく記載されている。

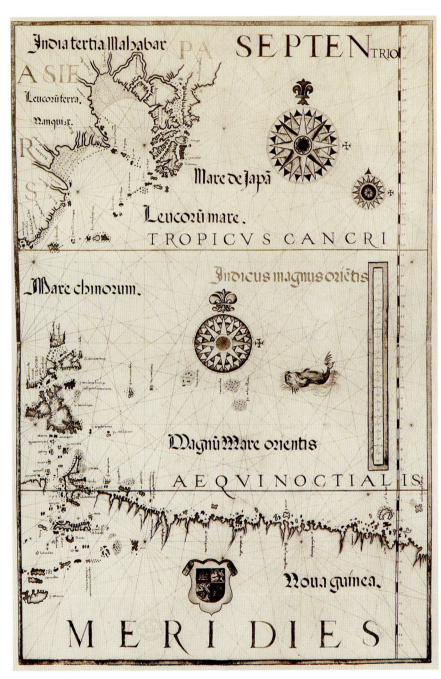

4-3 東アジア (1568) の日本海

中国の国号に起源を持つ中国海

　西洋では大航海時代にも、依然として以前の東アジア資料に基づいて地図が作られた。1570年のアブラハム・オルテリウス（Abraham Ortelius）の東インドと近隣の島嶼図（Indiae Orientalis insularumque adiacientivm typvs）は、地図集『世界の舞台（Theatrum Orbis Terrarum）』初版に収録された地図である。これは、ポルトガル人が1543年に日本に上陸した後の具体的な情報に基づいて描かれた最初の日本地図であるが、地図製作者は東アジアに関する大部分の地理情報を13世紀のマルコ・ポーロの『東方見聞録』に依存した。

　地図において日本が大きな島として描かれたのは、マルコ・ポーロが『東方見聞録』で日本（Cipangu又はZipang）を黄金の島だと言及したためである。一方、彼はこの本で朝鮮に関する内容を具体的に言及しなかったため、地図に朝鮮の形状と地名はみられない。地図において、日本列島の東側の北太平洋は

４−４　東インドと近隣の島嶼図（1570）の中国海

第４章　西洋において呼称された様々な外来地名　　147

東洋（Oceanus Orientalis）、そして中国と日本列島の間の海には、現在の韓国を含む海域に中国海（Mare Cin）が表記されている。地図製作者は、当時広く知られていた国号の秦を海の名称として使用したのである。秦は中国全土を統一した大帝国で、その名声が四方に広がって中国の英語名「china」の語源となった。

海の名称がない古地図

　1595年には、オルテリウスの世界地図集『世界の舞台』の増補版が刊行された。ここに収録された日本列島地図（JAPONIAE INSVLAE DESCRIPTIO）は、ルイス・テイシェイラ（Luis Teixeira）の作品である。彼はイエズス会の修道士かつ数学者としてスペイン王室の地図製作者として勤務し、1595年2月にオルテリウスの求めに応じて日本地図と中国地図を送った。テイシェイラは日本

4－5　日本列島地図（1595）の無表記

148

を訪れたことがなかったため、地図を完成させるまで東洋と西洋の資料を活用した。彼の日本列島地図はおそらく日本を訪れたことのあるモレイラ（Ignatio Moreila）が製作した日本地図に基づいたものであると考えられるが、現在、モレイラの日本地図は存在しない。

　この地図には、現在の島根県に当たる石見（Hivami）付近に銀鉱山（Argenti fodinæ）が記載されている。これは、日本を訪れた宣教師ザビエルがポルトガルのロドリゲス（João Rodrigues）神父に、「スペイン人は日本を銀の島と呼んでいる」と書いた手紙にその起源を持つ。また、地図に日本の様々な地域の名称が記載されている点から推測すると、西洋に伝えられた日本の行基図から影響を受けているが、日本は行基図のものより進化した形状をしている。朝鮮は細長い島の形状をしており、朝鮮島（COREA INSVLA）と記載されているが、島の周辺には海の名称が表記されていない。テイシェイラは未知の朝鮮を地図に表現する際に、おそらく東アジアのイエズス会の神父たちが教皇庁に伝えた中国地図を参照したものとみられる。朝鮮の形状を細長く描いたり島で表現した15〜16世紀の中国地図には、古今形勝地図、広輪疆理図、皇明輿地之図などがある。

3　17世紀以降のこの海域の様々な外来地名

この海域に表記された最初の日本海と日本北海

4－6　マテオ・リッチ
(1552-1610)

　世界で初めてこの海域に日本海という地名が表記された地図は、1602年に中国でイエズス会の宣教師マテオ・リッチ（Matteo Ricci, 中国名：利瑪竇（リマトウ））が製作した坤輿万国全図である。彼は1552年にイタリアで生まれ、1578年に東アジアでの布教のためにポルトガルを出発してインド中西部の海岸都市ゴア（Goa）を経由し、1582年に布教の拠点マカオに到着した。
　その後、中国本土を北上して北京に入ったのが1601年であり、1602年に北京で坤輿万国全図を完成した。
　この地図は6幅からなる大型の木版本で、16世紀後半にヨーロッパで製作されたオルテリウス、メルカトル、フランシスなどの世界地図に基づいて中国語に翻訳したが、大きく改訂を加えた点が注目される。谷治正孝（2002）は、この地図の特徴について次のように指摘している。
　第一に、中国が世界の中心に来るように中央経線を太平洋に置いている。ヨーロッパで製作された原図では中央経線が大西洋にあるため、中国が世界の東端に偏っている。これでは中華思想を持つ中国の人々に受け入れられるのが難しいとみて、中央経線を変更したのである。第二に、東アジアの部分を詳細に改訂している。マテオ・リッチは、中国での東アジアに関する正確かつ詳細な地

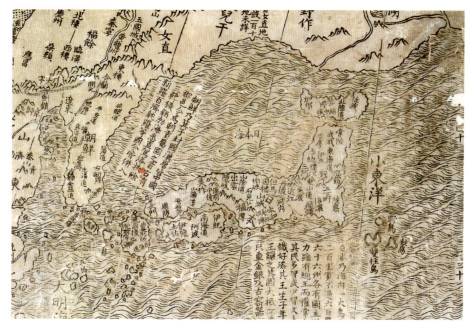

4－7　坤輿万国全図（1602）の日本海

理的知識、そして東アジアにおいて活動していたイエズス会の宣教師たちから収集した地理情報を活用し、東アジアの部分を改訂した。地図にユーラシア大陸と日本列島に囲まれた海域と名称が描き加えられたのも、その成果の一つである。マテオ・リッチは、東アジアの海の名称として朝鮮と日本列島の間に日本海、中国の東側の海に大明海、そして日本列島東側の海に小東洋をそれぞれ中国語で表記した。

　彼が製作した坤輿万国全図は、刊行された翌年に朝鮮と日本、そしてローマ法王庁をはじめとする西洋にも伝えられた。しかし、東洋と西洋の地図製作者たちに日本海の地名が受け入れられたり継承されることはほとんどなかった。その理由について、谷治正孝（2002）は、当時の西欧社会においては地図の内容が漢字で記載されていたため解読できない場合が多く、また、大型（169×380cm）の地図であったため、普及に困難があったからである。また、中国、朝鮮、日本などの当時の東洋においては、広い海に名称を付ける風習がなかったためであると見た。

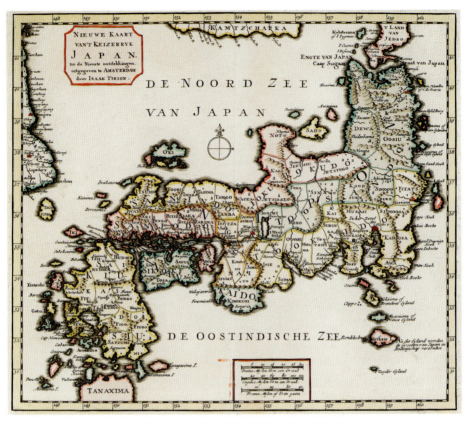

4-8 新しい日本地図（1745）の日本北海

　一方、日本海を応用した海の名称もある。アムステルダムで活躍したティリオン（Isaak Tirion）は、ケンペル（Kaempfer）の日本の資料を参照して1745年に新しい日本地図（Nieuwe Kaart Van't Keizerryk Japan）を刊行した。ケンペルは1690年から1692年まで日本に滞在しながら『日本地誌』を著述したのだが、この地図は日本で製作された行基図系統の日本国絵図（1678）と類似している。地図の右上には朝鮮の東海岸の一部が描かれているが、ここに記載された地名は韓国語ではなく漢字の中国語の発音のローマ字表記である。朝鮮と日本列島の間の海の名称は日本北海（DE NOORD ZEE VAN JAPAN）、そして日本列島南側の海には東インド海（DE OOSTINDISCHE ZEE）が記載されている。

4-9　中国及び日本地図（1841）の日本海

　19世紀前半になると、西洋の古地図において朝鮮と日本列島の間の海の名称はほとんどが日本海に変わる。ラピー親子が製作した中国及び日本地図（Carte de L'Empire Chinois et du Japon）は、息子のラピー（M. Lapie）が1841年に刊行した『世界地図集（Atlas Universel）』に収録されたものである。この海域の中央には南北に長く日本海（MER DU JAPON）と表記されており、現在の東シナ海に韓国海（MER DE CORÉE）の表記がみられる。この海域に日本海が定着し、韓国海はこの海域から南西の海に追いやられた印象を与えている。

第4章　西洋において呼称された様々な外来地名　153

韓国の国号に起源を持つ最初の韓国海と韓国湾

　韓国海は、国名の「コリア」と「海」からなる名詞である。コリアは高麗に由来し、ここには「山が高く秀麗な川の国」という意味が込められている。西方の世界にコリアが知られたのは、高麗末期に礼成江河口の碧瀾渡において行われたアラビア商人との交易がきっかけであった。アラビア商人たちは高麗を「コリー」と呼び、その後、西洋の人々は朝鮮を「コリア」と呼んだ。アラブ語の「コリー（Cory）」に語尾「a」が添加されて、「y」が「i」に変化したのである（徐槙哲, 2010）。

　西洋人が製作した古地図にこの海域の名称として韓国海が登場したのは、1602年のマテオ・リッチが最初に表記した日本海より10年以上も後のことである。ポルトガルのエレディア（Manuel Godinho de Erédia）が1615年に製作したアジア地図（ASIA ESTA）、日本地図、中国・周辺部・カタイ地図は、『ポルトガル地図の金字塔（PMC）』第4巻に収録されているが、各地図ごとに朝鮮と日本列島の間の海の名称表記が異なるのは興味深い。

　この海域の名称が、アジア地図では韓国海（MAR CORIA）、日本地図では日本海（MAR DE SYAPON）と表記されているが、中国・周辺部・カタイ地図には何の名称もない。アジア地図は、当時のヨーロッパにおいて東アジアが最も精巧に描かれたものである。これは、ポルトガルの探検家たちがこの地域に関する詳細な情報を持っていたことを意味する。しかし、北海道以北のサハリン島は西洋の人々に未知の地として認識されており、アジア大陸と繋がっている。アジア地図では、この海域は韓国海（MAR CORIA）、日本列島右側の海に日本海（MAR IAPAN）、そして中国東側の海に中国海（MAR CHINA）がそれぞれ記載されている。この地図をきっかけに、それ以降に製作された西洋の古地図では、この海域の名称として韓国海の表記が次第に増加しはじめた。

154

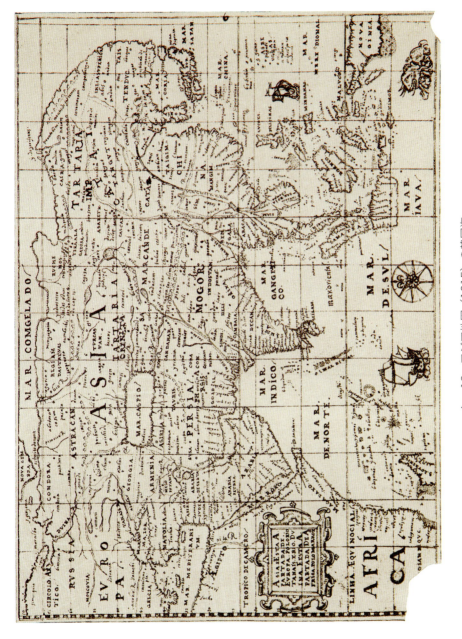

4-10 アジア地図（1615）の韓国海

第4章 西洋において呼称された様々な外来地名 155

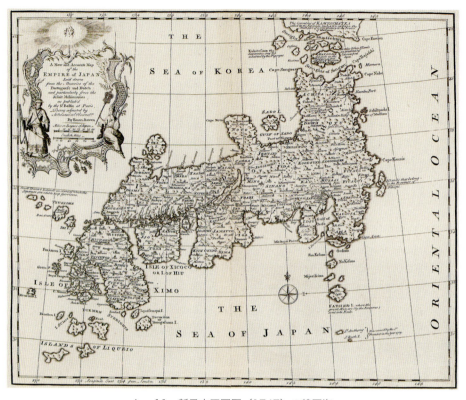

4－11　新日本王国図（1747）の韓国海

　西洋の古地図において、韓国海の表記は18世紀に最も多く登場する。まず、イギリスのエマニュエル・ボーウェン（Emmanuel Bowen）は、1745年頃に『地理アトラス（Complete Atlas of Geography）』と『イギリスアトラス』を刊行した。ボーウェンは、フランスの水路学者ニコラ・ベリンによる1735年の日本王国図（Carte de l'Empire du Japon）を手本に、1747年に新日本王国図（A New and Accurate Map of the EMPIRE of JAPAN）を製作した。彼の地図が関心を引くのは、イギリスで初めて朝鮮の国名を「Corea」から「Korea」と表記した点である。日本列島周辺の海の名称は、本州北側のこの海域に韓国海（THE SEA OF KOREA）、本州南側の海に日本海（THE SEA OF JAPAN）、そして東側の太平洋に東洋海（ORIENTAL OCEAN）と記載されている。

4－12　アジア地図（1772）の韓国海

　1723年にロシアのピョートル大帝はフランス王室科学院にアジア報告書を贈与しているが、この報告書に基づいてフランスの王室地理学者ギヨーム・ド・リールはアジア地図を製作した。その後も、ビュアシュ（Philippe Buache）はこれらの情報を再び収集して1772年にアジア地図（Carte d'Asie）を更新した。この地図における朝鮮の形状はダンヴィユの朝鮮王国図と非常に似ており、内陸には平壌（Pinyan）、京畿道（Kinkitao）などの様々な地名が現れる。そして、朝鮮の西側には海の名称がなく、東側の海にはこの海域には北緯40度線に韓国海（MER DE CORÉE）、そして現在の東シナ海に中国海（MER DE CHINE）が記載されている。

第4章　西洋において呼称された様々な外来地名　　157

4-13 日本王国図（1794）の韓国海

　イギリスの地図製作者ローリーとホイットル（Robert Laurie & James Whittle）は、1794年に日本王国図（The Empire of Japan divided into seven principal parts and sixty-six kingdoms with the Kingdom of Corea）を完成させた。この地図は縮尺が1：300万で、ダンヴィユ（D'Anville）とヴォゴンディ（Robert de Vaugondy）の地図を基に若干の修正を加えているのが特徴である。日本王国図の日本の部分は、オランダのケンペルとポルトガルの宣教師から日本に関して得た地理情報を参照して描いたものである。そして、地図において朝鮮の部分はダンヴィユの朝鮮王国図を基に表現された。ローリーとホイットルは、日本王国図においてこの海域の名称として韓国海（COREAN SEA）を海の中央に表記した。

4-14　ヨーロッパとアジアの中のロシア帝国（1785）の韓国湾

　イギリスでは、この海域を韓国湾と表記した地図が多数存在する。トーマス・ボーウェン（Thomas Bowen）の父エマニュエル・ボーウェン（Emanuel Bowen）は18世紀イギリスを代表する地図製作者で、フランスのルイ15世とイギリスのジョージ2世の王室地図学者として活躍した。父の影響から、トーマス・ボーウェンも地図及び海図製作者として活躍した。1785年にトーマス・ボーウェンが製作したヨーロッパとアジアの中のロシア帝国（The Russian Empire, in Europe & Asia）は、この海域を韓国湾（COREA GULF）と表記した代表的な地図である。彼の父エマニュエル・ボーウェンは地図においてこの海域の名称として東海（Eastern Sea）と表記していたが、後には主に韓国海（Sea of Corea）と表記した。しかし、息子のトーマス・ボーウェンは、父と異なり、当時イギリスの地図製作者たちが使用していた韓国湾をこの海域の名称として記載した。イギリスの古地図における韓国湾の表記は、18世紀前半に登場して19世紀前半からは断続的に使用された。

第4章　西洋において呼称された様々な外来地名　　159

西洋と対比される東方の東洋海

　西洋からみた東洋（Orient）の地域的範囲は、大まかに地中海東方にある帝国又はアジアの帝国、特に東アジア、極東に位置する国を指す。西洋の古地図に記載された主な東洋海の名称をみてみると、次の通りである。

　1680年のフィリップ・ブリエ（Philippe Briet）の日本王国図（ROYAUME DU JAPON）には、この海域の中央に東洋海（OCEAN ORIENTAL）、そして日本列島南側の海に中国海（MER DE LA CHINE）が記載されている。日本は本州、四国、九州の3つの大きな島からなっており、行政区域が66に分かれている。日本列島西側の朝鮮は東海岸の一部のみが南北に描かれており、地図には島と朝鮮王国の一部（PARTIE DE L'ISLE ET ROYAUME DE CORAY）と記載されている。

4－15　日本王国図（1680）の東洋海

4-16　アジア東部地域図（1702）の東洋海

　1702年のド・フェール（Nicolas de Fer）のアジア東部地域図（La partie orientale de l'Asie où se trouvent le grand empire des Tartares chinois et celuy du Japon）には、文章の中に東洋海が登場する。ド・フェールはフランスとスペインの王室地理学者として活躍し、特に地図において文字情報を多く使用した。地図において朝鮮の形状は中国や日本と比べて正確性に欠けているが、ソウル（Sior）や釜山（Pousan）など、複数の地名が記載されている。北海道以北は島々がアジア大陸と繋がっており、この地域は当時の西洋人たちにとって未知の世界であったことが分かる。地図製作者は、地図の朝鮮と日本の間の海域に「ヨーロッパ人には知られていないが、タタールの人々が東洋（Orientale）と呼ぶ海である」と記した。ここでの東洋は、東アジアの人々が普遍的に呼ぶ東側の海という意味で使用されたものである。

4－17　新アジア地図（1705）の東洋海

　1705年のシャトラン（Henri Abraham Chatelain）の新アジア地図では、この海域の中央に東洋海（MER ORIENTALE）が表記されている。この地図は、シャトランが1705年〜1720年の間に刊行した『歴史地図帖（Atlas Historique）』に収録されたものである。地図の原図は、ギヨーム・ド・リール（Guillaume Delisle）が1700年に製作したアジア地図（L'Asie. Dressee sur les observations de l'Academie Royale des Sciences et quelques）である。そして、オランダの地図製作者ファン・デル・アー（Pieter van der AA）が1714年に製作したアジア地図（L'Asie suivant les nouvelles observations de Mess.rs de l'Academie royale des sciences, etc, augmentées de nouveau）も、この地図と非常に似ている。製作者はギヨーム・ド・リールの地図を原図とし、周辺に主要都市とその位置をインデックスで表示してその著書に収録した。朝鮮の国号は朝鮮王国（R. DE COREE）と表記し、この海域の名称はギヨーム・ド・リールの1700年の地図と同じで東洋海（MER ORIENTALE）と表記した。

4-18 ロシアとタタール地図（1786）の東洋海

　オーストリアの代表的な地図製作会社ホーマン（Homann）家に勤務していたギュッセフェルト（Franz Ludwig Gussefeld）は、1786年にロシアとタタール地図（Charte das Russische Reich und die von den Tartern）を刊行した。彼はこの地図において、この海域を小東洋海（KLEINE OORIENTALISCHE MEER）、そして現在の東シナ海から日本列島東北側の海にかけて大東洋海（GROSSE ORIENTALISCHEMEER）と表記した。18世紀後半まで、ドイツの古地図では「小さい」という意味の形容詞「Minus」と「Kleine」を東海と東洋海の前に付けて使用されることがあったが、この地図はその影響とみられる。当時のドイツの地図製作者たちは、この海域を小さな東海、そして現在の東シナ海を大きな（grosse）東海と認識することもあった。

4-19　大清一統天下全図（1834）の東洋

　1832年7月、イギリス東インド会社所属の商船ロード・アマースト（Lord Amherst）号が朝鮮との通商を求めてきた。この船には、ドイツのプロテスタント宣教師ギュツラフ（Karl Friedrich August Gützlaff）が乗船していた。彼は、当時の航海記録と調査内容、そして普段からの中国に関する理解を基に、旅行記の形の『中国海岸及びタイ、朝鮮、琉球探査記』と、中国の歴史を紹介した『中国古代及び近代の歴史概要』を1834年に出版した。この歴史書は計2巻で構成されており、東洋が表記された大清一統天下全図（A general map of China Chinese Tartary & Tibet）は第2巻に収録されたものである。この地図はダンヴィユの1732年の中国領タタール地図を手本として製作されたが、漢字の地名が加筆されているのが特徴である。地図において朝鮮の形状はダンヴィユの地図とほぼ同じであり、この海域の名称はダンヴィユの地図にはなかったが、漢字で「東洋」と表記されている。

ユーラシア大陸東側の海を指す東海

　ドイツでは、1624年に歴史地理学の創始者と呼ばれるクリューバー（Philipp Clüver）が『世界地理概論』という本を刊行した。この本は1661年にブノニス（Johannis Bunonis）によって再び出版されたが、東海が表記されたアジアの昔と今（ASIA Antiqua et NOVA）という地図はここに収録されたものである。この地図は、元々ブラウ（Blaeu）のアトラスに収録されたもので、クリューバーが彼の本でアジア地理に関する説明を補完するために付け加えたものである。地図において朝鮮は棒状で不正確であり、日本の北海道以北は西洋人には未知の地であるため地図に描かれていない。この海域の名称は、ラテン語でユーラシア大陸の東の海を意味する東海（MARE EOUM）と表記されている。

4－20　アジアの昔と今（1661）

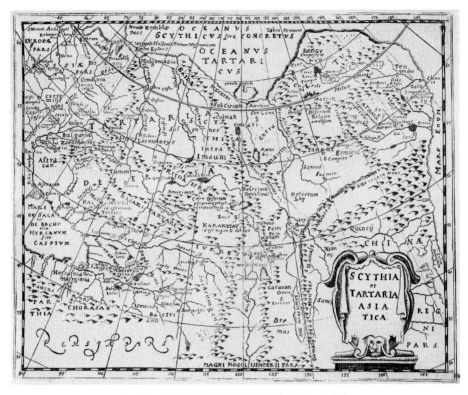

4-21 スキタイとアジア韃靼 (1661) の東海

　この地図も、1620年頃にドイツのクリューバーが編纂した『世界地理概論 (Introductionis in Universam Geographicam Introductio in Universam Geographiam)』を1661年にブノニス (Johannis BUNONIS) が再び刊行した本に収録されたものである。スキタイとアジア韃靼は、現在のウクライナ、ロシア、中央アジア地域に当たる。17世紀半ばまでは、まだ西洋の古地図において朝鮮は島又は半島として描かれたが、この地図は朝鮮を半島として描いている。これは、オランダのブラウ (Blaeu) 家の影響を受けたものである。この海域の名称は、ラテン語でユーラシア大陸の東の海を意味する東海 (MARE EOUM) と記載されている。

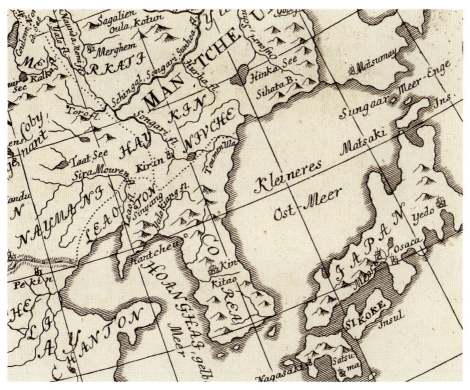

4-22 中世以前のトルコ・タタール帝国の表現（1760）の小東海

　1760 年のベリン（Jacques Bellin）の中世以前のトルコ・タタール帝国の表現（Vorstellung des ehemaligen Türkisch-Tatarischen Reichs mittlerer Zeiten）の地図には、東海という地名に形容詞が含まれている。この地図は、フランスの水路学者で海軍地図を主に製作したベリンがプレヴォ（Prévost）の『航行の歴史（Histoire Générale des Voyages）』に収録するために製作した中央アジアと東アジア地図をドイツ語に翻訳したものである。この本の題名は航行の歴史に関するものであるが、内容は探険の歴史で、世界地理誌とほぼ似ている。朝鮮と清の境界は鴨緑江の北側と豆満江の東側で、現在より広く表示されている。この海域の名称は、小さな東海を意味する小東海（Kleineres Ost Meer）が海の中央に表記されている。このような表記は、18 世紀までドイツ語圏において朝鮮と日本列島の間の海の名称を小東洋海と呼んでいた伝統に起因する。

第 4 章　西洋において呼称された様々な外来地名　　167

4－23　インドと中国地図（1721）の東海

　イギリスでは、セネックスとボーウェンの地図に東海の表記が登場する。イギリスの王室地理学者ジョン・セネックス（John Senex）は、1721年にインドと中国地図（A new map of India & China from the latest observations）を完成させた。セネックスは、1714年に『イギリスアトラス（English Atlas）』を、1721年には『新一般アトラス（New general atlas）』を編纂した。彼は、イギリスの地図学界から地図製作能力を認められ、1728年にロンドンの王室学会会員（Fellowship of the Royal Society of London）に選出された。この地図において、インドの部分はイギリス東インド会社の情報を参照し、中国と朝鮮、日本の地形はオランダ東インド会社とイエズス会の宣教師たちの情報を利用した。この地図は、西洋においてもユーラシア大陸の東側の海という意味で東海（EASTERN SEA）の地名が使用されたということを示している。

4-24 マルコ・ポーロの旅行地図（1744）の東海

　イギリスのジョン・ハリス（J. Harris）は、1705年に世界各国の探検情報を収録した『旅行記全集（Navigantium atque itinerantium bibliotheca）』を刊行した。彼はこの本で、ドレーク（Drake）といった探検家たちの情報を引用して世界各国の地理を描写した。この本は、後にウッドワード（T. Woodward）などによって修正及び増補された。初版にはマルコ・ポーロに関連する記録がなく、収録されたアジア地図にはこの海域に名称表記がない。しかし、1744年の修正及び増補版に収録されたマルコ・ポーロの旅行地図（A Map of Marco Polo's Voyages in the 13th Century）には、朝鮮と日本列島の間に東海（EASTERN SEA）が表記されている。これは、エマニュエル・ボーウェン（Emanuel Bowen）がマルコ・ポーロの旅行記を地図化したもので、18世紀のイギリス王室地図学者たちの韓国海又は東海の表記の慣行に従ったものである。

4－25　世界両半球図（1737）の東海

　一方、18世紀にロシアで製作された地図には、この海域の名称として様々なものがみられる。1737年にロシア帝国科学アカデミー（Russian Academy of Sciences）は、『一般読者と学生たちのための地図帳』をサンクトペテルブルクで出版した。この地図集には27枚の地図があり、そのうち4枚の地図にこの海域が描かれている。世界両半球図（The World in Two Hemispheres）には、この海域の名称として東海（Море Восточное）がロシア語で表記されている。一方、アジア地図にはこの海域に対する名称の記載がなく、中国地図にはヨーロッパ諸国で出版された地図と同じように韓国海が表記されている。また、ロシア帝国のアジア部分図にはこの海域の名称が中国海と表記されている。同じ地図集に収録された4枚のこの海域関連の地図において海の名称が東海、韓国海、中国海、無表記となっているのは、各地図ごとに異なる西洋の地理情報を使用した結果である。

東モンゴル人の地域名称に起源を持つタタール海

韃靼又はタタール（Tartar）は、元々漢民族により北方の全ての民族を指して使用されていた用語だが、明の時代には東モンゴル人を指す呼称となった。「タタール」は満州語で「射撃手」、「遊牧民」を意味し、地域的範囲は東モンゴル、満州、沿海州を含む。1805年のシャルル・フランソワ・ドラマルシュ（Charles François Delamarche）による世界地図（MAPPE-MONDE）は、製作者がジェームズ・クック、ラ・ペルーズ、ジョージ・バンクーバー、アレクサンダー・マッキンゼーなどの探査資料を参照して新たに描いたものである。メルカトル投影法を採択し、朝鮮と周辺海域はラ・ペルーズのアトラスに収録された地図の形状を採択して表現した。製作者はこの海域の名称をタタール海（Mer de Tartarie）と表記したが、これはラ・ペルーズの航海記に長く言及されているタタール海峡の調査内容を念頭に置いて命名したものである。

4－26　世界地図（1805）のタタール海

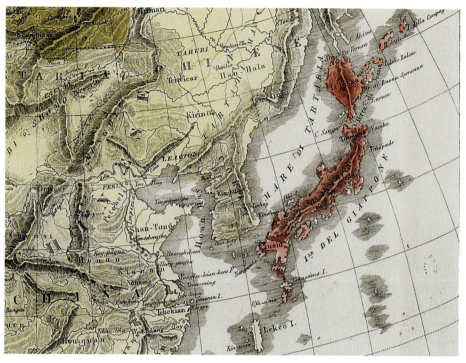

4－27　アジアの主要国（1842）のタタール海

　イタリアの地理学者マルモッチ（C.P Marmocchi）が1842年に刊行した『世界地理アトラス（Atlante di geografia universale）』には、アジアの主要国（L'Asia divisa nei suoi principali Stati）という地図が収録されている。この地図は世界地理の講義のために各国の境界と自然環境を記したものであるが、特にアジアの山脈の表記が印象的である。朝鮮は山脈が北東から南西の方向に表現されており、東高西低の地形であることが分かる。この地図はラ・ペルーズによるこの海域の探査以降に製作されたが、鬱陵島は記されていない。この海域の名称は、韓国海や日本海ではなく、タタール海（MARE DI TARTARIA）と海の中央に南北に長く表記されている。地図製作者は、この海に面する朝鮮北東部地域の東モンゴル人と満州人が居住するタタールをこの海域の名称として使用したのである。

一つの海域における二つ以上の海の地名

　西洋の古地図では、朝鮮と日本列島の間の海が分割されて2～4種類の名称が表記されている場合もある。西欧の地図製作者たちは、韓国海、韓国湾、日本海、日本北海、中国海、カムチャッカ海、東海、東洋海、蝦夷南海などの海の名称を各地域の近くに記載しているが、その種類は様々である。このような現象はこの海域の名称が定着していなかったということを意味するが、当時の地図製作者たちが様々な地理情報を活用したからである。

　1646年のロバート・ダドリー（Robert Dudley）のアジア（ASIA）地図には、4つの海の名称がみられる。ロバート・ダドリーはイギリス出身で、イタリアで活躍した地図製作者である。彼はイギリス女王エリザベス1世の恋人として知られるロバート・ダドリーの息子で、父と同じ名前を使用した。私生子であるという理由で父の爵位を世襲することができず、イタリアのベニスに亡命した。彼は1606年から1636年の間に地図を集中的に描き、これらの地図を集めて1646年と1647年に『海の秘密（Arcano Del Mare）』計3巻を刊行した。この本は世界で初めてメルカトル投影法を使用した海図地図帳で、地図以外に造船や航海術などの地理的内容も多数収録されている。4つの海の名称がみられるアジア（ASIA）地図は、『海の秘密』第3巻に収録されたものである。ダドリーは付近の陸地と方位を考慮して海の名称を付けており、朝鮮北東部に韓国海（MARE DI CORAI）、日本の本州北側に日本北海（Il Mare Settentrionale di Iappone o Giappone）、その北東に蝦夷南海（Il Mare Australe di Iezo）とそれぞれ表記した。また、九州西側の海に日本海（MARE DIAPPONE）、太平洋には日本南海（Il Mare Australe de Jappone o Giappone）という地名を記載した。

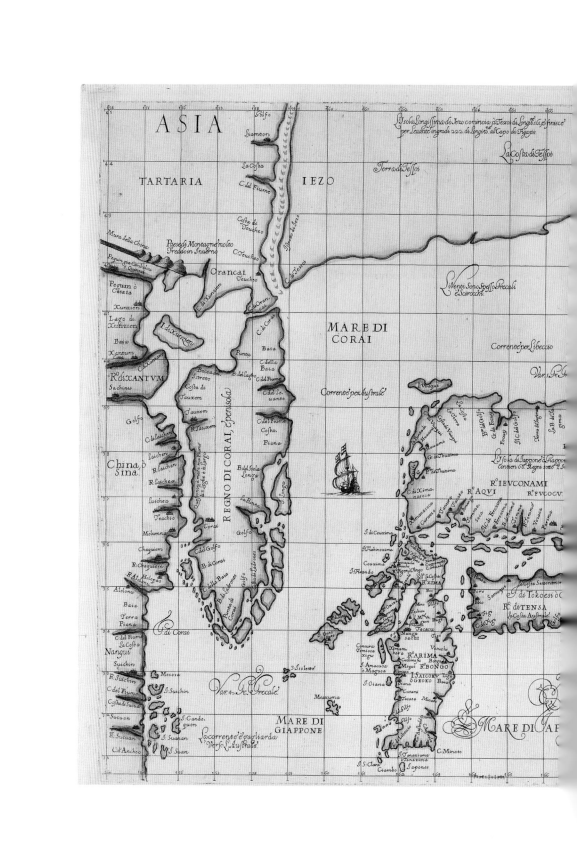

4－28　アジア（1646）の韓国海、日本北海、蝦夷南海、日本海

4-29 日本列島地図（1681）の東海、韓国海

　フランス出身の東洋旅行家でペルシアとインドを探検したタヴェルニー（Jean Baptiste Tavernier）は、1681年に日本列島地図（CHARTE DER IAPONISCHEN INSELN）を完成させたが、この地図のこの海域には2つの名称がみられる。地図製作者は朝鮮や日本を旅したことはなかったが、商人と宣教師から地理情報を収集して東洋旅行記を出版した。この地図は、彼の旅行記に収録されたフランス語版地図をドイツ語に翻訳したものである。地図のタイトルには、「オランダ東インド会社の定期的な江戸訪問」という文が副題として入っている。これは、1633年から1790年の間に長崎の出島にあったオランダ商館が、毎年江戸幕府を訪問して賀儀を行ったことを指す。地図には、長崎から大阪までの海路と、大阪から江戸までの陸路が描かれている。この海域の名称は、海の中央に東海（DIE OST SEE）、そして朝鮮東南部の海に韓国海（DAS MEER DER COREER）が表記されている。

4-30 日本王国図（1750）の韓国海、日本海

　18世紀フランスの代表的な地図製作者ヴォゴンディ（Gilles Robert de Vaugondy）は、1750年に日本王国図（L'Empire du Japon）を完成させたが、この地図のこの海域にも2つの名称が記載されている。地図製作者は地図において、日本の部分はヨハン・ヤーコブ・ショイヒツァー（Johann Jakob Scheuchzer）の日本地図を参考にし、行政区域は全国を7つの広域、66の基礎単位に区分した。一方、朝鮮の部分は1735年のダンヴィユの『中国新地図帳（Nouvel Atlas de la Chine）』に出てくる朝鮮王国図を参考にしているが、この地図には海の名称表記がない。しかし、ヴォゴンディは日本王国図において他の地図製作者とは異なり、朝鮮の東側の海に韓国海（MER DE CORÉE）、そし

て日本の本州北側の海に日本海（MER DE JAPON）と表記した。17世紀のロバート・ダドリー（Robert Dudley）と18世紀初頭のジャン・バプティスト・ノリン（Jean-Baptiste Nolin）は、この海域の名称をそれぞれ沿岸に沿って韓国海と日本海で表記している。

　ロシアに対する関心から地図を描きはじめたティリオン（Isaac Tirion）は、1769年に中国王国と周辺地図（Nouvelle carte de l'empire de la chine et Les Pais Circonvoisins）を刊行したが、ここにはこの海域に3つの名称が記載されている。この地図は、元々オランダで出版された『新携帯用地図帳（Nieuwe Hand-Atlas）』に収録されたものを再びフランス語に翻訳して出版したものである。地図における朝鮮、北海道、カムチャッカ半島の形状は、現実と比較すると大きく歪曲している。特に朝鮮東北部の形状はひどく歪んでおり、境界の確認が難しい。この地図においてこの海域の名称は、北緯40°線に韓国海（MER DE CORÉE）、その南側の日本の本州北側に日本北海（MER SEPTENTRIONALE DU JAPON）、そして北緯40°から60°に近い海域にカムチャッカ海（MER DE KAMTZCHATKA）と表記されている。

　中国の渤海はガン湾（Golfe de Gang）、黄海は南京湾（Golfe de Nanquin）、そして東シナ海と南シナ海には連続して中国海を意味するオランダ語「Chineesche Oceaen」、フランス語「Ocean Chinois」が記載されている。朝鮮には国号「CORÉE」と漢江、洛東江などを水の流れで表し、複数の集落の地名が表記されている。また、黄海道と平安道を遼東（リャオトン、LEAOTUNG）と表記する誤記があり、済州島は現実よりも大きく描かれている。

4－31 中国王国と周辺地図（1769）の韓国海、日本北海、カムチャツカ海

第4章　西洋において呼称された様々な外来地名　179

4-32　アジア（1827）の韓国湾、タルタリア湾

　イギリスの王室地理学者ジェームス・ウィルド（James Wyld）は、1827年にアジア（Asia）地図を刊行したが、ここには朝鮮と日本列島の間の鬱陵島北西に仮想の島アルゴノート（Argonaut）があり、鬱陵島がダジュレー（Dagelet）と表記されている。この海域の名称は北緯40°線の下に韓国湾（GULF OF COREA）と表記されているが、これは地図製作者が一部のイギリス地図でのように湾（Gulf）という用語を好んだためである。そして、サハリン島はアジア大陸と繋がっていて正確性に欠けており、その下の沿海州と北海道の間にはタタール湾（GULF OF TATARIA）が記載されている。彼の息子はこの地図に基づいて1846年にアジア地図（Map of Asia）を刊行したが、朝鮮の形状は以前よりも精巧になっている。この海域の名称は、依然として地図の中央に韓国湾（GULF OF COREA）、そしてその上にタタール湾（GULF OF TATARIA）と記載されている。

4－33　中国帝国及び日本（1835）の日本海

　最後の例は、同じ地図集に収録されたそれぞれの地図において、この海域の名称表記が同一でない特異な場合である。1835年にアメリカのデイビット・ブラー（David Burr）は、『新しい世界アトラス（A New Universal Atlas）』を刊行した。この地図集には、縮尺1：15,840,000の中国帝国及び日本（Chinese Empire and Japan）とアジア（Asia）地図が収録されている。これらの地図は同じ著者であるにもかかわらず、それぞれの地図には朝鮮と日本列島の間の海の名称が異なって記載されている。すなわち、中国帝国及び日本の地図にはこの海域の名称が日本海（SEA OF JAPAN）、そして次のページに収録されているアジア地図には韓国海（SEA OF COREA）と表記されている。これは、当時の西欧社会において19世紀以前には韓国海、そして19世紀以降は日本海の

第4章　西洋において呼称された様々な外来地名　　181

4-34 アジア(1835)の韓国海

表記が優勢であったが、著者は過渡期において、この海域の名称をそれぞれの異なる地図に日本海・韓国海と共に表記したのである。

一つの海域において東洋海・日本海などが併記された地名

　西洋の古地図には、この海域の中央に接続詞の「又は」や「或いは」などを使用して2つの名称を併記した場合もある。最も早いケースは、1600年頃に作られたフィリップ・クリューヴァー(Philipp Clüver)の中国帝国図(MPERII SINARVM Nova Deseriptio)にみられる。中国の行政境界などは、当時の他の地図と比較すると正確なほうである。しかし、朝鮮は棒状であり、済州島が現

4-35 中国帝国図（1600）の東海・中国海

実よりも大きく描かれている。これは、地図製作者が中国の資料から参照した朝鮮地図が正確性に欠けていたためである。以前のマルティーニの地図においては、この海域に名称を記載しないか、ないしは単に中国海と表記されていた。しかし、この地図では現在の東シナ海からこの海域にかけての海の名称が東海又は中国海（MARE EOUM sive OCEANVS SINENSIS）と併記になっている。

4-36 アジア（1710）の東洋海・韓国海

　イギリス王室所属の占星術師及び地質学者で地図の出版と販売にも優れた才能を発揮したジョン・セネックス（John Senex）は、1710年にアジア（ASIA Corrected from the observation communicated to the Royal society at London and the Royal Academy at Paris）地図を刊行した。この地図は、パリ天文台とグリニッジ天文台で収集した測量資料を全て活用して製作されたため、当時としては最高の正確度を誇った。しかし、北海道と北海道以北の島々は依然として正確性に欠けている。朝鮮と日本列島の間の中央には、海の名称が東海又は韓国海（THE EASTERN OR COREA SEA）と併記されている。これは、地図製作者がギヨーム・ド・リールの地図に記載されている東洋海又は韓国海（MER ORIENNTALE OU MER DE CORÉE）を英語に翻訳したものである。この地図の影響により、イギリスの地図製作者たちは18世紀にこの海域の名称として韓国海を多数使用した。

4−37 インドと中国地図（1750）の東洋海・韓国海

　フランスのギヨーム・ド・リール（Guillaume Delisle）は、カッシーニ（Jean-Dominique Cassini）から数学と天文学を学び、地図投影法に精通した地図学者であった。彼は、フランス科学院の測量資料と自分が開発した投影法を使用して地図製作に活用した。特に、測量資料がない場所の地図は、自身の投影法を利用して補間（interpolation）した。また、ギヨーム・ド・リールは、地図に地名の表記を正確に記したことで有名である。ギヨーム・ド・リールのインドと中国地図（CARTE DES INDES ET DE LA CHINE）は、元々1705年にフランスで同名で出版されたものが、1750年にオランダで再び出版されたものである。したがって、地図の内容は1705年の地図と同じである。地図において、この海域の名称は東洋海又は韓国海（MER ORIENTALE OU MER DE CORÉE）と併記されている。

4-38 東インド、中国、日本、フィリピン地図（1792）の東洋海・韓国海

　オランダのエルウェ（Jan Bernard Elwe）も、1792年に東インド、中国、日本、フィリピン地図（Partie de la nouvelle grande carte des Indes Orientales, contenant les Empires de las Chine & du Japon, les Isles Philippines, Couchin, & les Isles Marianes）において、この海域の名称を東洋海又は韓国海（MER ORIENTALE OU MER DE CORÉE）と併記している。そして、日本の本州南側の太平洋に日本海（MER DE JAPON）を記載した。当時のオランダでは、この海域の名称として韓国海より日本海のほうが好まれた。しかし、エルウェはフランスの地図製作者ギヨーム・ド・リールの地図を出版する作業などを通じて、フランスの地図製作者らと緊密な関係を形成していた。そのため、彼は自身が作った地図にこの海域の名称として韓国海を使用したのである。

　1750年にニコラス・ウィッツェン（Nicolas Witsen）が製作した新大タタール地図（CARTE NOUVELLE DE LA GRANDE TARTARIE）でも、この海域の名称が併記となっている。彼はオランダの政治家であったが、趣味で地図製作や海洋小説の著述、船舶の建造に没頭した。また、彼は政治家として各国

4－39　新大タタール地図（1750）の東洋海・日本海

の外交官たちと良好な関係を維持しており、特にロシアの外交官と親交を持っていてロシアのシベリア探査資料にも接することができた。さらに、彼の父ヤン・ウィッツェン（Cornelis Jan Witsen）はオランダ西インド会社（the Dutch West India Company）に所属しており、オランダが保有する最高の地理情報に接することができた。地図製作者としての彼の最高の力作は、タタール地図（Map of Tartary）である。20年間の研究の末、1690年にシベリア地図、1692年には続編の北東タタール誌（Noord en Oost Tartarye）を刊行した。ウィッツェンの新大タタール地図は、この二つの地図を修正したものである。地図にはどちらも、この海域をフランス語で東洋海又は日本海（MER ORIENTALE OU DU JAPON）と併記している。ウィッツェンが韓国海の代わりに日本海の地名を使用したのは、当時オランダの関心が朝鮮よりは日本にあったという意味に解釈できる。

4-40 教育のためのアジア地図（1819）の韓国海・日本海

　西洋で製作された地図では18世紀までこの海域の名称として韓国海の表記が優勢であったが、19世紀初頭から日本海の表記が増加するにつれて、過渡期として韓国海と日本海の併記も見られるようになる。1819年のドゾーシェ（J. A. Dezauche）の教育のためのアジア地図（Carte d'Asie dressée pour l'instruction）が代表的な例である。この地図の底本であるフランスの王室地理学者ギヨーム・ド・リールによって1723年にロシアの地理情報を活用して作られた。そしてビュアシュはこの地図を1772年に改訂し、彼の後継者ドゾーシェによって1805年と1819年に改訂されたのである。朝鮮の形状はダンヴィユの朝鮮王国図と類似しており、19世紀になって北海道以北の島々は現実に近くなった。この海域の名称は、1772年の地図には韓国海（MER DE CORÉE）と表記されている。しかし、1805年と1819年の改訂後の地図では韓国海又は日本海（MER DE CORÉE ou de JAPON）と併記されている。

　地理教育者のゴルチエ神父（Abbé Gaultier）のアジア地図（Asia for the education of the Abbé Gaultier's geographic games）には、この海域の名称が

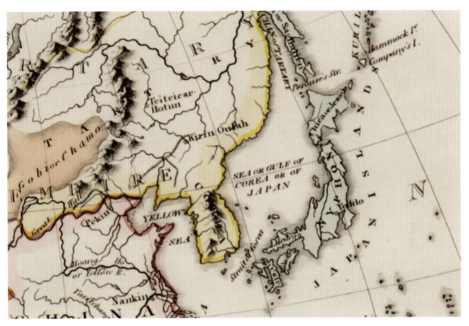

4－41　アジア地図（1823）の韓国・日本の海・湾

より複雑に併記されている。ゴルチエ神父は、この地図をフランス革命後にイギリスに移住して製作した。彼は児童の地理教育に高い関心を持っており、ゲームを活用した地理教育教材を1792年にロンドンで出版した。そして、1823年には補助教材として『ゴルチエの地理ゲームのためのアトラス（An atlas adapted to the abbé Gaultier's geographical games)』を刊行したのだが、この地図はここに収録されたものである。日本列島の北海道とサハリンの間の海にラ・ペルーズ海峡と表記されている点からみて、地図製作者は1797年に刊行された『ラ・ペルーズの世界航海記』を参照したものとみられる。しかし、ゴルチエ神父が表記した朝鮮と日本列島の間の海の名称は、ラ・ペルーズが使用した日本海ではなく、韓国又は日本の海又は湾（SEA OR GULF OF COREA OR OF JAPAN）と混乱したような併記である。これは、18世紀まで西洋の古地図に多数表記されていた韓国海という名称が、19世紀初頭から日本海に代替される過渡期に現れた現象である。

第4章　西洋において呼称された様々な外来地名　189

4 19世紀前後の西洋人の東アジア進出と日本海の拡散

　16世紀半ばから19世紀前半にかけて、イエズス会の宣教師、探検家、航海者、研究者などの多数の西洋人が東アジアに進出するに伴い、彼らが製作した古地図に日本海という地名が発生し、さらには西欧社会に日本海が広く普及した。先に述べたように、西洋の古地図において日本海という地名表記が急速に増加した時期は19世紀初頭である。これは、18世紀末から19世紀初頭にかけてフランス、イギリス、ロシアがこの海域で実施された特別探険と測量による地図の成果物、そして日本を訪れて帰国した西洋の日本研究者が製作した日本地図などに日本海が表記されたことに伴い、西欧社会において日本海という地名の使用頻度が以前よりずっと高くなったためである。その決定的な役割をした人物は、フランスのラ・ペルーズ、ロシアのクルーゼンシュテルン、そしてドイツのシーボルトなどである。

ラ・ペルーズの探険と日本海

4－42　ラ・ペルーズ
（1741-1788?）

　太平洋探検家として有名なラ・ペルーズ（La Pérouse）は貴族の家門で、1741年にフランス南部ラングドック地方のアルビ（Albi）という都市の郊外で生まれた。1756年、15歳のときにブレストの海軍学校に入隊して海軍候補生となった。1760年に英仏戦争の海戦で負傷し、イギリス軍の捕虜になったこともある。彼の名前がフランス国民に知られるようになっ

190

たきっかけは、1782 年にカナダ北部のハドソン湾にあったイギリスの会社の要
塞を攻撃して陥落させ、そこを占領して毛皮など大量の物品を敵から本国に持
ち帰って勝利を得たときであった。当時、フランスは植民地の相当部分がイギ
リスの手に渡り、フランス人の気勢がそがれていたが、ラ・ペルーズによるフ
ランスの勝利はフランス国民にとって大きな喜びであった。

　イギリスのジェームズ・クック（James Cook）が太平洋探険を実施した直後、
イギリスと競争関係にあったフランスは、これに刺激を受けて太平洋探険を計
画した。ルイ 16 世は国政を疎かにして大革命を招き、1793 年に処刑されたが、
世界地理、特に太平洋探険に対して高い関心を持っていた。彼は北西航路の発
見を目的に、クックの太平洋探険が残した地理学上の空白の場所を探るように
探険隊の派遣を決定し、その指揮者としてハドソン湾の勇将ラ・ペルーズを起
用した。計 114 人のうち、学術調査のために著名な科学者、天文学者、数学者、
地理学者、植物学者、医者、スケッチ画家など、様々な専門家を乗船させた。
フランス国王ルイ（Louis）16 世の命令により、ラ・ペルーズは 1785 年 8 月 5
日にブッソール（La Boussole）とアストロラーベ（L'Astrolabe）の二隻の船
舶を率いてブルターニュ半島のブレスト軍港から出航した。大西洋を南下して
南米大陸最南端のホーン岬（Horn Cap）を迂回し、太平洋に向かった。ソロモ
ン諸島、イースター島、ハワイ、アラスカまで北上した後、北米西海岸のカリ
フォルニアまで南下し、太平洋を横断しマカオを経て 1787 年 4 月 9 日にはマ
ニラから東アジアに向かって出航した。ラ・ペルーズ一行は北上を続け、台湾
東部から琉球諸島西側と大韓海峡を通過し、5 月 25 日にこの海域に入り、西洋
人としては初めて鬱陵島を発見した。測量を実施しながらタタール海峡まで北
上した後、サハリン西側の海岸に沿って南下し、ラ・ペルーズ（宗谷）海峡を
西洋人としては初めて発見し、オホーツク海を経由して 1787 年 9 月にカムチャ
ッカ半島のペトロパブロフスクに入港した。ここで一緒に乗船していたロシア
語通訳担当の外交官レセップス（Barthelemy Lesseps, スエズ運河建設者レセッ
プスの叔父）を船から降ろし、陸路でシベリアを経由してそれまでの航海日誌
をフランス本国に伝えるようにさせた。

第 4 章　西洋において呼称された様々な外来地名　　191

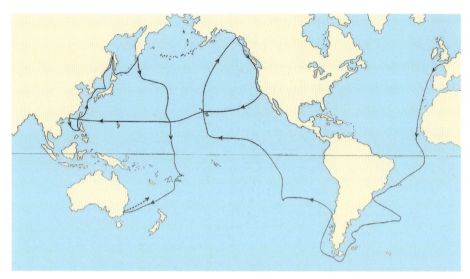

4－43　ラ・ペルーズの太平洋探険ルート（1785-1788）

　ラ・ペルーズ一行は9月29日にカムチャツカ半島から出航し、オーストラリアに向かって南下した。途中で給水のために南太平洋サモア諸島のトゥトゥイラ島に寄港したが、原住民によって一行のうち12人が殺害された。残りの一行は1788年1月26日にオーストラリア東海岸に到着し、2月7日付けで最後の通信を本国に送った。ラ・ペルーズはオーストラリアを出航してニューカレドニア西海岸を探査し、ソロモン諸島、ニューギニア島を経て本国フランスに帰国する予定であった。しかし、ラ・ペルーズの一行は帰国予定日の1789年7月になってもブレスト港に姿を現すことはなく、彼らの行方は現在までも明らかになっていない（小林忠雄, 1981）。

　フランス革命政府は、レセップスが伝えた航海日誌とオーストラリアから到着した航海日誌を集めて、1797年に『ラ・ペルーズの世界航海記（VOYAGE DE LA PÉROUSE）』を出版した。この本は計5巻からなり、本文4巻、地図及びスケッチ1巻で構成されている。その中で、この海域の探険に関する内容は第3巻に収録されている。ラ・ペルーズの航海以前までは、朝鮮と日本列島の間の北側の海は西洋の人々に殆ど知られていない未知の世界であった。この海域の探険をきっかけに、大韓海峡、鬱陵島、津軽海峡、ラ・ペルーズ海峡、

タタール海峡などの存在が明らかになった。鬱陵島は西洋人としてこの島を初めて発見した天文学者ダジュレー（Joseph Lepaute Dagelet）の名を取って航海地図にダジュレー（I. Dagelet）と表記され、その後の西洋の地図製作に影響を与えた。

　この海域の名称に関連し、『ラ・ペルーズの世界航海記』の本文では、韓国海と日本海が混用されている。しかし、彼の航海地図には日本海（MER DU JAPON）が単独で表記されており、その理由を明らかにすることは韓国と日本の学者たちの主な関心事であった。まず、釜山大学の鄭仁喆（2015）教授は、パリの古文書保存庫においてラ・ペルーズがこの海域を日本海と表記することとなった『国王の命令によるラ・ペルーズの航海に関する計画指針及びその他の関連文書』を発見した。この文献によると、ルイ 16 世が、当時探査責任者が提出した計画書『発見のための指針（Les instructions générales du projet sous le titre Projet de découvertes)』において、日本海という名称に添削したというのである。ラ・ペルーズのこの海域の探査目的がカナダから毛皮を日本に輸出するための航路の開拓にあったということを前提とするとき、朝鮮と日本列島の間の海の名称を日本海と呼称することが、彼らの探査目的とある程度相通ずるものがあったというのである。

　一方、日本の帝京大学の谷治正孝（2011）教授は、海図製作の分割と関連があるとみている。マニラからカムチャッカまでの航路を二等分した第一海図には朝鮮の南東と日本南西の間の海に大韓海峡（DÉTROIT DE CORÉE）が表記されており、それに続く北側の第二海図には朝鮮と日本列島の間の海に日本海（MER DU JAPON）と記載されている。地図製作者はラ・ペルーズの航海地図において、朝鮮と日本列島の間の海峡と海の名称を付けるにあたって、国名の重複を避けようとしたというのである。

　以上の内容をまとめると、1797 年のラ・ペルーズの航海地図にこの海域が日本海と公式表記されたのは、彼らの多くの関心が朝鮮よりも日本にあったからである。さらに、この海が日本の海岸線と最も多く接していたことも密接な関連があるだろう。

第 4 章　西洋において呼称された様々な外来地名　　193

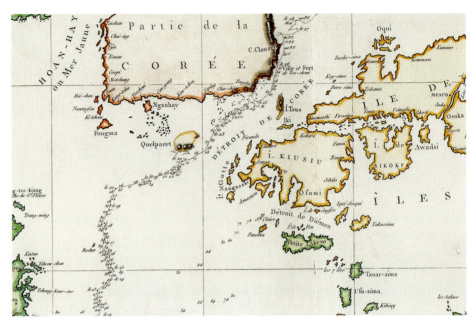

4-44 第一海図 中国海とタタール海探査図（1797）の大韓海峡

4-45 第二海図 中国海とタタール海探査図（1797）の日本海

一方、『ラ・ペルーズの世界航海記』には、水路地図の製作に必要な資料以外に、当時の未知の陸上・海洋動植物の博物学的観察及び原住民の人類学的、土俗学的研究など、特異な調査について記載されている。何よりも、フランス政府の全面的な支援によって行われた科学的探険であったため、その成果物は絶対的に信頼できた。こうした理由から、『ラ・ペルーズの世界航海記』はフランス革命会議の決議に基づいて 1797 年にパリにてフランス語で刊行された。

　その後、『ラ・ペルーズの世界航海記』は 1798 年にロンドンで英語翻訳版、1800 年にベルリンとハンブルクでドイツ語翻訳版、1804 年にアムステルダムでオランダ語翻訳版が出版され、ヨーロッパ各国に広く普及した。こうして、この時期からこの海域の名称としての日本海は、ヨーロッパの地図製作者、探検家、研究者らに受け入れられ、以前の韓国海に代わって西欧社会に広く拡散した。

クルーゼンシュテルンの探険と日本海

　ロシアにおける最初の世界一周航海は、クルーゼンシュテルン（Иван Фёдорович Крузенштерн）によって行われた。彼はエストニア出身で、1787 年に海軍士官学校を卒業してロシア帝国海軍で勤務し、海軍探検家及び海軍提督として有名である。

　クルーゼンシュテルンは 1803 年にロシア皇帝アレクサンドル（Alexander）1 世の命令により、ロシア・アメリカ会社のニコライ・レザノフ（Nikolay Petrovich Rezanov）の支援の下で世界一周艦隊の指揮官となった。世界一周航海の目的は、中国及び日本との交易の確立、南米との交易の拡大、そしてカリフォルニアをロシアの植民地とするための事前調査であった。二隻の艦隊にはロシアとヨーロッパの著名な天文

4 – 46　クルーゼンシュテルン
(1770-1846)

第 4 章　西洋において呼称された様々な外来地名　　195

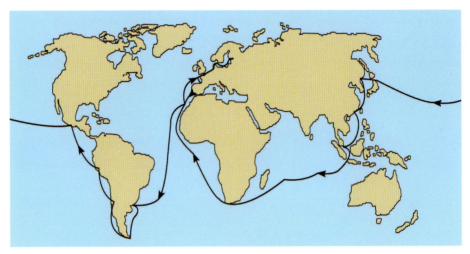

4-47　クルーゼンシュテルンの世界航海のルート（1803-1806）

学者、博物学者、画家などが乗船し、バルト海にあるロシア海軍の軍港クロンシュタットから1803年7月18日に出航した。デンマークのコペンハーゲンを経てイギリス、カナリア諸島、ブラジルに寄港し、チリの南端を回って北太平洋に入った。艦隊は太平洋を通過して、カムチャツカ半島から日本に向かった。ロシア使節団は1804年10月に長崎で日本との交流及び通商を求めたが、すんなりとは受け入れられなかった。その後、東南アジア、インド洋、喜望峰を経て、1806年8月にクロンシュタットに戻った。

　ロシア政府は世界一周航海が成功裏に終わると、その成果をまとめてクルーゼンシュテルンの『世界航海記』3巻と『地図集』2冊を1809年から1813年にかけてサンクトペテルブルクにてロシア語で刊行した。クルーゼンシュテルンはこのような功績を認められ、1827年にロシア科学アカデミーの会員となる栄誉を得た。1813年のクルーゼンシュテルンの『地図集』に収録された世界地図では、朝鮮と日本周辺の海の名称が、ロシア語でこの海域は日本海（Море Японское）、韓国の西側は黄海、南シナ海には中国海が表記されている。

　朝鮮と日本列島の間の海に日本海の名称を付けたことに関連して、クルーゼンシュテルンの『世界航海記』第3巻のドイツ語版には次のように記述されて

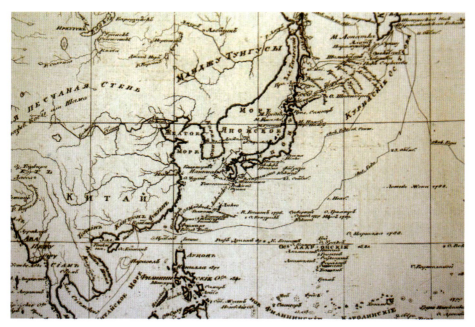

4－48 世界地図（1808）の日本海

いる（谷治正孝, 2011）。

　日本海というのは、日本の西海岸と朝鮮の東海岸及びタルタリアの北緯45度までの間にあって、朝鮮海峡からラ・ペルーズ海峡までの閉じた海域を指すと予は理解する。人はこの海を朝鮮海とも名づけたが、この海は朝鮮の海岸にはごくわずかな部分しか接していないので、この海は日本海と名づける方がより正しいであろう。

　実際、この海域の海岸線は全長7,600kmで、日本列島3,200km、ロシア3,200km、そして韓国と北朝鮮が1,200km海域に面している。クルーゼンシュテルンはこの海域の名称に関連して、日本列島がこの海に最も多く面しているとみて、この海域の名称を日本海と公式に命名したのである。
　国家的関心と支援によって行われたクルーゼンシュテルンの科学的探険とその成果は、絶対的な信頼を受けた。そのため、ロシア語で出版されたクルーゼ

ンシュテルンの『世界航海記』と『地図集』は、後にドイツ語、英語、フランス語、デンマーク語、オランダ語、スウェーデン語、イタリア語など、ヨーロッパ各国の言語に翻訳出版された。これをきっかけに、この海域の日本海という名称は当時のヨーロッパ各国の地図製作者たちに積極的に受け入れられ、西洋の古地図において韓国海に代わって広く使用された。現在、ロシアはこの海域に相当部を分面しているが、この海の名称問題に対して関心と不満がないのは、このような歴史的事実に起源を持つ。

シーボルトの日本研究と日本海

19世紀前半にドイツの医師・博物学者として活躍したシーボルト（Philipp Franz Balthasar von Siebold）は、1796年にバイエルン州北西部の医学界の名門に生まれた。彼はヴュルツブルク大学に入学し、家門の伝統に従って医学を専攻したが、それ以外にも動物、植物、地理などを学んだ。シーボルトはヨーロッパでは日本学の父として名声が高く、ヨーロッパで初めてドイツのボン（Boon）大学に日本学の教授として招聘されたりしている。彼は日本に滞在している間、当時の進んだ西洋医学を日本に伝えると同時に、日本で収集した動物学、植物学、民俗学、地理学などの様々な資料をオランダに送った。

シーボルトは1823年に長崎のオランダ商館に医師として赴任して以来、東インド会社から日本研究を委任されて日本に関する資料と情報の収集に邁進した。彼は長崎郊外で診療所と医学塾を運営していたが、彼の名声を伝え聞いて全国から門下生が集まり、彼の日本研究の一助となった。1826年には商館長に随行して1ヵ月ほど江戸に滞在したが、そのときに彼の知らせを伝え聞いて宿を訪れた多くの日本人と交流しながら貴重な様々な資料を収集した。その中で、シーボルトは北海道とサハリンを探検した最上徳内と幕府の天文方高橋景保らと交友を持

4－49　シーボルト
（1796-1866）

ち、彼らから得た日本関連の地図は大きな成果であった。しかし、これは 1828
年のシーボルト事件の発端となった。

　幕府の天文方高橋景保は、1826 年にシーボルトからロシアの探検家クルーゼ
ンシュテルンの『世界航海記』と交換する目的で、伊能忠敬の日本沿海実測図
を基にして地名が表記された日本辺界略図、蝦夷地図、そして間宮林蔵の『東
韃紀行』などを彼に渡した。当時、幕府では地図に関する管理が非常に厳格に
行われており、異国人に地図を渡すことは幕府によって禁じられていた。これ
は間もなく発覚し、シーボルトは 1829 年に日本から追放され、多数の関係者
は罰せられ、高橋景保は獄死した。1830 年に帰国したシーボルトは、オランダ
政府の支援によって日本研究をまとめ、この集大成として 1832 年から 1858 年
まで『日本（NIPPON）』をシリーズで出版した。これ以外にも彼は『日本動物
誌』、『日本植物誌』など多数の著書を残しており、これらの資料は現在オラン
ダとドイツで保存されている。

　1832 年にシーボルトの『日本（NIPPON）』第 1 巻に収録された日本辺界略図は、
第 3 章で述べたように 1809 年に高橋景保が製作した日本辺界略図を翻訳した
もので、一部が修正されている。シーボルトは、日本で収集した実測地図と資
料を地図製作において反映させた。これにより、地図においてサハリン、クリル、
北海道地域がより正確になり、間宮海峡、ラ・ペルーズ海峡など、その他の地
名も補完された。当時ヨーロッパで完成されたシーボルトの日本地図は、現実
と比べてもほぼ完璧に近いものであった。

　この海域の名称に関連して、高橋景保の原図の日本辺界略図に表記されてい
た朝鮮の東側の朝鮮海は削除され、翻訳後の日本辺界略図では日本の本州北側
の海にドイツ語で日本海（Japansche Zee）が新たに記載された。シーボルト
が地図から朝鮮海を消し、表記位置も変えて日本海に修正したことには、様々
な理由があるだろう。何よりも、この海域を探査したラ・ペルーズの 1797 年
の地図に表記された日本海を絶対的に信頼し、朝鮮海の代わりに日本海を採用
したものとみられる。また、彼にとって日本は第二の故郷であり、当時彼の関
心が朝鮮より日本にあったことも一つの要因になるだろう。もし彼がこの地図

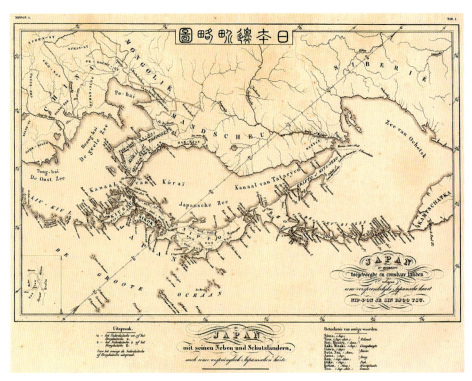

4−50　日本辺界略図（1832）の日本海

において海の名称を原図と同じように朝鮮海と表記していたら、おそらくその後ヨーロッパにおいてこの海域の名称表記に大きな混乱がもたらされたであろう。なぜなら、彼の日本研究と結果物には長い間日本と交流してきたオランダ政府の積極的な支援があり、ヨーロッパにおいて日本学の権威者として絶対的信頼を得ていたため、彼が地図に付けた海の名称は誰もが無視できなかったからである。

　上記と似たような代表的な例を挙げると、シーボルトが1840年に完成させた日本全図に鬱陵島と独島の名称を正しく表記しなかったため、ヨーロッパにおいて大きな混乱を招いたことがある。この地図は、伊能忠敬の測量によって1821年に幕府で製作された大日本沿海輿地全図を見本にして作られたものである。地図の右側には地名「Takasima/L.Argonaut」、その横に「北緯37°52′」、「東経129°50′」、「Broughton」などが記載されている。そして、左側には地

4－51　日本全図（1840）の鬱陵島と独島

名「Matssima/I. Dagelet」、その横に「北緯37°25′」、「東経130°56′」、「de Lapérouse」などが記されている。日本では1905年の日露戦争以前まで、鬱陵島を竹島、独島を松島と呼んでいた。一方、西洋では18世紀末にこの海域の探査が行われ、鬱陵島が様々な名称で呼ばれていた。フランスのラ・ペルーズ（La Pérouse）とイギリスのブロートン（Broughton）は、それぞれ1787年と1797年に、この海域の探険後に、地図に鬱陵島をダジュレーと表記した。イギリスのコルネットは、1791年に船舶アルゴノートでこの海域を探検し、地図に鬱陵島をダジュレーと表記し、また、鬱陵島北西の海に存在しない仮想の島アルゴノートを記載した。ところが、シーボルトは彼の日本全図において鬱陵島を「竹島」・「アルゴノート」と表示し、独島には日本で呼称していた「松島」と西洋で呼称していた鬱陵島の名称「ダジュレー」を共に記載した。このように、日本学の権威者シーボルトが日本全図に鬱陵島と独島の名称、島の位置を不正確に表示したことにより、西洋と日本の一部の古地図において20世紀初頭まで二つの島の名称表記を巡りさらに混乱してしまったこともある。

　ドイツ語で日本海と表記されたシーボルトの日本辺界略図は、その後ヨーロッパ各国の言語に翻訳されて普及した。すなわち、彼が著した『日本』はフランスで1838年から1840年にかけて『日本紀行』というタイトルで翻訳された。そして、イギリスでは1841年に『日本の風習と習慣』、ロシアでは1854年に『日本旅行記』というタイトルで翻訳版が出版された。こうしてシーボルトの日本

第4章　西洋において呼称された様々な外来地名　　201

辺界略図は、西欧社会において、日本周辺の地理知識と共にこの海域の名称として日本海を西洋の人々により一層拡散し認識させることとなった。

　19世紀を前後して東アジアに進出したフランスのラ・ペルーズ、ロシアのクルーゼンシュテルン、そしてドイツのシーボルトの報告書と成果物は、その後の西欧社会において日本海が拡散するのに決定的な役割を果たした。しかし、19世紀後半の西洋の古地図には、日本海以外の他の名称を表記したり、何の名称も記載されていないものも少数存在するため、20世紀以前に西欧社会において日本海が定着したとはいえない。

第5章

近代の地理教育における
日本海と東海

　　国内外の学者らによるこの海域の名称研究は、主に古地図を中心に行われた。韓国と日本において近代以前に編纂された古地図は、国家的、軍事的、機密的、芸術的特性が優勢であり、数的に希少なため、一般の人々が接するには限界があった。これに比べて、近代の日本と韓国において大量に刊行された地理教科書は、国家的でありながらも社会的、民衆的、開放的、実用的であるという特性を持っている。したがって、地理的認識を忠実に反映している近代の地理教科書を調べてみることは、当時韓国と日本において呼称されていた海の名称の傾向を把握するには最も適している。

1　日本の地理教科書における北海と日本海

明治時代の全般的な傾向

　日本では江戸時代まで寺子屋で町人の子弟に読み書き、計算、実務上の知識や技能などを教えていた。しかし、1868 年の明治維新をきっかけに寺子屋での教育は次第に衰退し、近代教育制度が整備されて各地域に学校が建てられ、教科書も出版された。表 7 は、筆者が明治維新以降に出版された日本の小中等学校の地理教科書を対象に、この海域の名称表記を調査してまとめたものである。表と図から把握できるように、全般的に明治初期には地理教科書にこの海域の名称として日本の伝統地名の北海と外来地名の日本海が同時に登場し、学校の現場で使用されていた。その特徴は、固有名詞地名としての北海や日本海は比較的少なく、むしろ普通名詞の海が多くの割合を占めている。しかし、明治中期から後期になるほど日本の伝統地名の北海は次第に減少し、外来地名の日本海は大きく増加して、ついに 20 世紀初頭になると日本の地理教科書から北海は消え、日本海という地名が定着してきた。

　明治初期には、日本の著名な開化思想家が執筆した地理教科書に日本海が表記されたことによって、地理教育において日本海という名称が普及しはじめた。そして、明治後期になるほど日本海の地名は日本政府の富国強兵という政策と重なって、地理教育において拡散及び定着するに至った。

表7　近代日本の地理教科書に表記された韓国と日本の間の海の名称

年度	地理教科書 及び付図	著者 （編集、訳者）	海の名称の表記	
			教科書の本文	教科書の地図
1869	開知新編 一〜十	橋爪貫一	北海(1)	–
1869	頭書大全世界国尽 一〜六	福澤諭吉	–	日本海(1)
1869	西洋旅案内	吉田賢輔	–	–
1869	西洋聞見録	村田文夫	–	–
1870	輿地誌略 一〜十	内田正雄	日本海(2)	日本海(3)
1870	地学事始 上・中・下	松山棟庵	–	–
1874	地理初歩	師範学校	–	–
1874	日本地誌略 一・二・三・四	師範学校	日本海(1)、北海(16)、 海(20)、大洋(1)、外洋(1)	–
1875	万国地誌略 一・二・三	師範学校	日本海(2)	日本海(2)
1878	標註小学 日本地誌略 上・下	荒野文雄、 坂本英房	日本海(1)、北海(6)、海(47)、 西海(4)、東北海(1)、沿海(1)	–
1881	地理撮要 上・下	岡松甕谷	日本海(5)、北海(3)、海(30)、 西海(1)、太洋(1)、内海(1)	–
1882	小学新潟県地誌撮要	田中鼎	海(10)	–
1886	地理小学 一・二	若林虎三郎	日本海(15)、北海(1)	日本海(6)
1887	小学地理教科書 一・二・三・四	西村正三郎	日本海(3)、北海(7)、海(2)、 北方海(1)、内海(1)	日本海(6)
1887	新撰地誌 一・二・三・四	岡村増太郎	日本海(9)、北海(7)、海(10)	–
1887	新撰小学地理書 一・二	森孫一郎	日本海(8)、北海(3)、海(1)、巨海(1)	日本海(5)
1890	新撰新潟県小学地誌	諸橋浅三郎	海(16)、北海(1)、日本海(1)	–
1893	日本地理初歩 上・下	学海指針社	日本海(7)、北海(3)、西海(1)、海(3)	日本海(3)
1894	万国地理初歩 上・下	学海指針社	–	–
1894	小学校用日本地理 一・二	金港堂書籍	日本海(24)、北海(2)、海(4)	–
1894	小学校用外国地理	金港堂書籍	日本海(3)	–
1896	中学日本地誌	矢津昌永	日本海(44)、 北海(6)、西北海(1)、海(8)	日本海(1)
1896	中学万国地誌 上・中・下	矢津昌永	日本海(8)	日本海(2)
1896	中学外国地誌	金港堂書籍	日本海(1)	日本海(2)
1897	中学日本地誌	金港堂書籍	日本海(11)、海(6)	日本海(7)
1900	小学地理 一・二・三・四	学海指針社	日本海(11)、海(3)	日本海(7)
1900	小学外国地誌	新保磐次	日本海(5)	日本海(2)
1900	新撰 外国地誌 上・下	秋山四郎	日本海(5)	–
1902	外国地理教科書	亀井忠一	–	–
1904	小学地理 一・二・三・四	文部省	日本海(30)	日本海(14)
1908	小学地理付図（高等小学校用）	文部省		日本海(7)

※括弧内の数字はこの海域の地名表記の数

第5章　近代の地理教育における日本海と東海　205

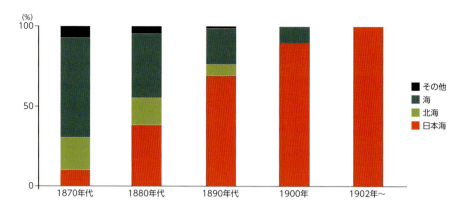

5−1　近代日本の地理教科書におけるこの海域の年代別地名の推移

明治初期の伝統地名の北海

　明治新政府は欧米列強と並んで近代国家を目指し、西洋文明をモデルとした全ての制度の改革を断行したが、1872年の学制の公布による新しい教育制度の樹立は、日本の近代化において大きな役割を果たした。全国に広く公立小学校の設置が進められ、児童は身体や男女の区分を問わず同等に教育を受ける機会と義務が制度化された（川村博忠，2003）。

　この時期の地理教育は、明治10年代後半まで、開化と啓蒙主義の立場から世界文明に目覚めた文明地理が強調された。そのため、一般の子弟の中心教育機関であった小学校でも地理教育が重視された。特に、小学校では世界の地理的認識を育むために、万国地理の教授に重点が置かれた。日本で初めての地理教科書は明治維新の翌年に出版され、地理教科書にはこの海域の名称として日本の人々が長い間呼称してきた伝統地名の北海と西欧から導入された外来地名の日本海が同時に登場した。

　まず、1869年に官許されて出版された橋爪貫一の『開知新編』の本文には、この海域の名称として日本海は見られず、北海が1回明記されている。著者の橋爪貫一は、明治初期から中期にかけて啓蒙的な著作を多数残した人物である。

彼が著述した『開知新編』は啓蒙思想に基づいた世界地理教科書で、本文には各大陸の地図が収録されており、地図には陸と海の主な地名が表記されている。

この海域の海の名称は、本文のアジア州大日本国の著述の中で、新潟地方の説明の部分「東海から北海を回って360里……」に登場する。この内容は東京から新潟までの海路の距離を述べたもので、日本列島東側の太平洋を東海、そして朝鮮と日本列島の間の海を北海と表記したものである。当時、本州北側の海を指す北海は、日本の人々が長い間日常的に使用してきた名称であった。著者の橋爪貫一は、それを踏襲して日本で初めての地理教科書に北海という地名を採用したのである。

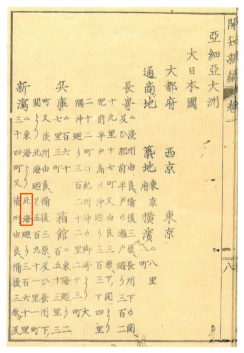

5-2 『開知新編』(1869) の北海

明治初期の外来地名の日本海

日本において日本海が表記された初めての地理教科書は、1869年に出版された福澤諭吉の『世界国尽』である。福澤諭吉は明治前半期の蘭学者、啓蒙思想家、教育家、著述家として活動し、日本で長い歴史を誇る慶應義塾大学を創設した人物である。

彼は幕府の使節団としてアメリカ、イギリス、フランス、オランダ、プロシア、ロシア、ポルトガルを訪れ、多数の経済書、歴史書、地理書などの西洋の書籍を購入して帰国した。特に、ミッチェル（S. A. Mitchell）の『最新学校地理』、

第5章　近代の地理教育における日本海と東海　207

5-3 福澤諭吉（1835-1901）

コイネル（S. S. Cornell）の『中学地理』など、アメリカで評価の高かった学校用地理教科書を大量に持ち帰り、地理学関連図書を執筆した（岡田俊裕, 2011b）。彼は文明開化の時期に地理教育の重要性を力説し、優れた英語の実力を基に世界地理の知識の普及に努めた。

福澤諭吉の『世界国尽』はミッチェルとコイネルの地理書などに基づいて一般国民向けの啓蒙図書として出版されたが、小学校の世界地理教科書としても採用された。この本は計6巻からなり、内容はアジア州、アフリカ州、欧羅巴州、北アメリカ州、南アメリカ州と大洋州、付録で構成されている。本文には日本海という地名が一度も登場しないが、教科書に収録された亜細亜州という地図には日本海の地名がこの海域の中央に表記されている。

これは、福澤諭吉がコイネルの『地学初歩』に収録された原本地図を忠実に翻訳して日本海と表記したものである。実際にコイネルの原著『CORNELL'S FIRST STEPS GEOGRAPHY』に収録されたアジア（ASIA）地図には、朝鮮と日本列島の間に海の名称が日本海（Sea of Japan）と表記されている。そして、本文の記述には、「日本列島の西側の海は何ですか。（What Sea is west of the Japan Island?）日本海（The Sea of Japan）」という問答も記述されている（芳井研一, 2002）。

このように、近代日本の地理教科書に初めて日本海という地名が表記されたのは、欧米の地理教科書と密接な関連がある。明治初期に民衆と学生向けに出版された世界地理入門書として『世界国尽』は当時ベストセラーとなり、日本の人々に広く読まれ彼らの世界文明の自覚に大きく貢献した。また、この本は近代日本の世界地理教科書の著述にも非常に大きな影響を与え、特に後の他の地理教科書に日本海の地名が導入及び普及されるきっかけとなった。

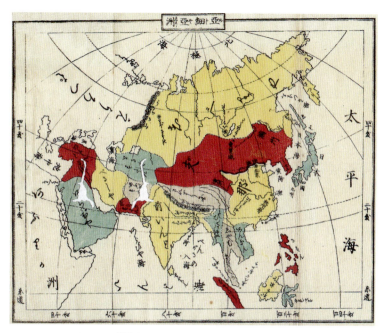

5-4 『世界国尽』亜細亜州（1869）の日本海

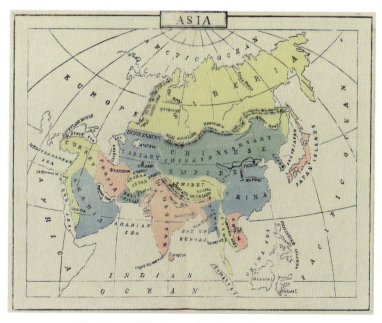

5-5 『地学初歩』アジア（1866）の日本海

第5章　近代の地理教育における日本海と東海　209

文部省刊行の地理教科書と日本海

　明治初期には開化思想家以外に東京師範学校が編集して文部省が刊行した3種類の官製地理教科書が出版されたが、それは1873年の『地理初歩』、1874年の『日本地誌略』、そして1874年の『万国地誌略』である。これらの地理教科書は文部省が発行したので、国の公式見解が反映されたという点で意味がある。地文学に当たる『地理初歩』は、計23ページに過ぎない小さな冊子である。内容の大部分は地球の表面、半球の区別、方位、大陸、大州、経緯度、大洋などの自然地理の基礎であり、日本海という地名は使用されていない。

　国土地理教科書の『日本地誌略』は計4巻からなり、総論と地域別地理で構成されている。この本は地図がない教科書で、各地域別の位置と境界を記述し、自然と人文要素が並列的に構成された無味乾燥な地名物産の地理を扱っている。教科書本文には、朝鮮と日本列島の間の海の名称として日本海、北海などの混用が見られる。日本海の地名は総論部分に1回表記されているが、これは西北の広い海を指し、朝鮮と向かい合った巨視的な海の名称として使用された。一方、北海、海、大洋、外洋などの名称は、地域地理の部分、すなわち日本列島の西側の海に面した北海道西部から南西の九州北部に至る各地域の沖合の海を指す微視的名称として使用された。これらのうち、日本の伝統地名として北海が最も頻繁に登場する。

　世界地理教科書『万国地誌略』には日本海という地名が少数見られるが、全て朝鮮と日本列島の間の海を指す巨視的な観点で使用された。すなわち、教科書に添付された世界地図とアジア地図のこの海域の中央に日本海が表記されており、本文ではアジア州の部分で満州とロシアとの境界を説明する際に日本海という地名がそれぞれ登場する。

　この時期の特徴をまとめると、明治維新以降、1869年に開化思想家によって執筆された世界地理教科書には、この海域の名称として日本の伝統地名・北海と西欧から導入された外来地名の日本海が同時に見られた。その後に東京師範

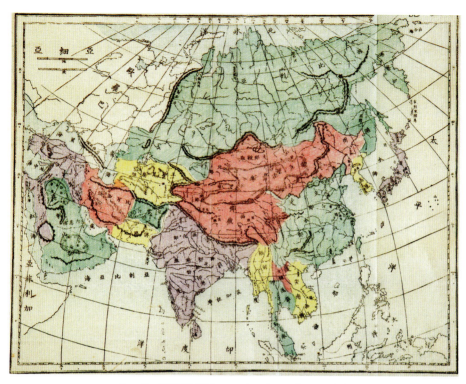

5-6 『万国地誌略』アジア（1874）の日本海

学校が編集して文部省が出版した日本地理教科書の本文では、この海域を北海又は海と表記する傾向が優勢であった。一方、世界地理教科書では本文と収録地図において、広域の海の名称として日本海だけが表記されている。これは、著者が教科書を執筆するにあたり、日本地理は日本の伝統地理書、そして世界地理は外国の地理書を主に参考にしたからである。

　明治初期から、著名な開化思想家、そして文部省が地理教科書を編纂する中で、広域の海の名称として日本海が採用されたのである。こうして、それ以降の近代日本において出版される地理教科書に日本海の地名が増加する土台が作られることとなった。

第5章　近代の地理教育における日本海と東海　211

19世紀末の地理教科書と日本海

　1890年代後半になるにつれ、日本の地理教科書には日本海の表記が増加し、北海という地名はそれ以上見られなくなる。1896年の矢津昌永の『中学万国地誌』は、他の世界地理教科書と比べたとき、朝鮮地理関連の内容が最も充実しているほうである。著者の矢津昌永は明治後半に活躍した地理学者、地理教育者で、ほぼ独学で日本人の立場から実用的かつ啓蒙的な地理学を築いた学者である。

　この教科書において日本海の地名はアジア州の部分に計10回登場し、他の海の名称はそれ以上見られないことから、日本海が定着したようである。この本に添付されたアジア地図には日本海という地名がこの海域の中央に記載されており、朝鮮王国図には朝鮮の東側に日本海が縦に表記されている。

　地理教科書の本文では、日本海という地名は朝鮮王国の位置、境界、地勢、水系、沿海などの記述に頻繁に登場する。特に江原道の地域地理の部分に「本道は日本海に臨む」と記述されており、日本海という地名の範囲が従来に比べて非常に拡大し江原道の沖合まで到達したことが分かる。

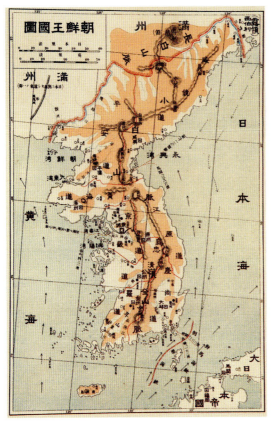

5－7　『中学万国地誌』朝鮮王国図（1896）の日本海

1897年の金港堂書籍の『中学日本地誌』にも、日本海という地名が日本の西部地域に位置する地域地理を記述する際に本文と地図に登場するが、北海という地名はそれ以上見られない。教科書の本文で興味深い内容は、復習問題に次のような日本海という名称に関する質問が記述されているという点である。

　・本州の北にある海は何というか。
　・九州の北にある海を何と呼ぶか。
　・日本海の西にある半島はどこの国か。

このような質問は、著者が日本の生徒たちに日本海という地名とその海域の地域的範囲、そして隣国との境界が日本海であるということを明確に認識させるための意図だとみることができる。しかし、地理教科書には日本海と表記すべき部分を単に海と記載した場合も見られる。これは当時、地理教科書執筆者の頭の中にも、それを検定する文部省側にも、日本海が十分に受け入れられていなかったということを意味する。

20世紀初頭の日露戦争と日本海地名の定着

近代日本においては、1900年に小学校令が改正・公布され小学校令施行規則が施行された。地理教科の目的も、「地理は地球の表面及人類生活の状態に関する知識の一斑を得しめ又本邦国勢の大要を理解せしめ兼て愛国心の養成に資するを以て要旨とす」と大きく変わった（文部省, 1972）。その特徴は、1891年の小学校校則大綱の「人民の生活の理解」の代わりに「本邦国勢の大要の理解」が登場し、「愛国心の養成」が地理教育において一層強調されたことである。こうして地理教科書では、従来の個人の生活のための実用的内容に代わって、富国強兵を掲げた国家本位の内容が増加することになった。

1900年の学海指針社の『小学地理』は、巻1と巻2が日本地理、巻3が世界地理、巻4が補習地理である。この本は1900年8月の小学校令及び施行規則に基づき、

高等小学校地理教科用図書として出版されたものである。地理教科書本文にこの海域の名称が計6回（日本海3回、海3回）表記されているが、これは他の地理教科書に比べて少ないほうである。この地理教科書において、この海域の名称は日本地理のみに見られ、世界地理には見られない。日本地理において、新潟県、石川県、島根県などの地域地理の記述には依然として固有名詞の日本海と普通名詞の海の混用が見られ、この時期まで地理教科書において日本海という地名が完全には定着していなかったことが分かる。

　1904年の文部省の『小学地理』は、最初の小学校児童用の国定地理教科書である。計4巻からなり、小学校の4年間で各学年ごとに1巻ずつ学ぶように設定されている。教科書の巻1と巻2は日本地理、巻3は世界地理、巻4は日本地理と世界地理の補習用である。教科書本文と地図にはこの海域の名称として日本海が計44回登場し、これと関連する他の海の名称はそれ以上登場せず、ついに日本の地理教育において日本海という地名は定着することとなった。日本海という地名は、日本地理の総論において日本の領域を記述した本文と地図、日本の西側の海に位置する地域、すなわち北西の北海道から南西の九州に至る各県と地域の範囲を説明する際に頻繁に使用された。世界地理では、日本海の地名がアジア州の総論と、韓国、ロシアなどこの海域に面する地域の境界の記述に見られる。例えば、韓国の位置に関連し、「韓は普通朝鮮と呼ぶ。アジア州東部にある半島国で、日本海と黄海の間に突き出ており、北は清国と向かい合っている」と記述されている。

　日本の小中等学校地理教科書において日本海という地名は明治初期から登場したが、それが地理教科書に完全に定着したのは20世紀初頭で、30年以上の期間がかかっている。これは、1894年の日清戦争や19世紀末からのロシアの南下政策、1904年の日露戦争などの歴史的出来事、すなわち日本の帝国主義政策と密接な関係がある。例えば、1902年のシベリア鉄道ウラジオストク～ハバロフスク区間の開通をきっかけに、1902年2月に政府は大家七平が経営する新潟―ウラジオストク、函館―コルサコフの2つの航路をそれぞれ日本海回航航路の甲船及び乙船に改称させ、政府が自ら地政学的発想から日本海の普及に力

官報

號外　明治三十八年五月二十九日　月曜日　印刷局

○戰報

○日本海海戰戰報

隊司令官東郷平八郎ノ報告左ノ如シ（海軍省）

日本海海戰ニ關スル聯合艦
一昨二十七日以來繼續中ナル

其一　一昨二十七日午前著電

敵艦見ユトノ警報ニ接シ聯合艦隊ハ直ニ出動之ヲ擊滅セントス本日天候晴
朗ナレトモ波高シ

其二　同日夜著電

聯合艦隊ハ本日沖ノ島附近ニ於テ敵艦隊ヲ邀擊シ大ニ之ヲ破リ敵艦少クモ
四隻ヲ擊沈シ其他ニハ多大ノ損害ヲ與ヘタリ我艦隊ハ損害少シ驅逐隊水
雷艇隊ハ日沒ヨリ襲擊ヲ決行セリ

其三　今二十九日午前著電

聯合艦隊ノ主力ハ二十七日以來殘敵ニ對シテ追擊ヲ續行シ二十八日「リヤ
ンコールド」岩附近ニ於テ敵艦ニ對シテ「ニコライ第一世」（戰艦）、「アリョール」（戰艦）、
「セニャーウィン」（裝甲海防艦）、「アプラキシン」（裝甲海防艦）及「イヅムルード」
（巡洋艦）ヨリ成ル一群ニ會シテ攻擊セシニ「イヅムルード」ハ分離シ
逃去セシカ他ノ四艦ハ須臾ニシテ降伏セリ我艦隊ニ損害ナシ
捕虜ノ言ニ依レバ二十七日ノ戰鬪ニ於テ沈沒シタル敵艦ハ「ボロヂノ」（戰
艦）「アレキサンダー第三世」（戰艦）「ゼ、チューガ」（巡洋艦）外三隻ナリト云
フ

即チ敵ノ損害ヲ艦種ニ區別スレハ左ノ如シ

	擊沈	捕獲	計
戰艦	二隻	二隻	四隻
裝甲海防艦	一隻	二隻	三隻
巡洋艦	五隻		五隻
特務船	二隻	三隻	三隻
驅逐艦	三隻	一隻	四隻

「アドミラル、ウシャーコフ」（裝甲海防艦四二六噸）　擊沈
「カムチャットカ」（特務船七二〇七噸）　擊沈
「イルチッシュ」（特務船七五〇七噸）　擊沈
大形特務船（船名未タ不詳）　一隻　擊沈

尚ホ捕虜ノ陳述ニ在ル沈沒艦三隻ハ以上ノ中ナルヤ又ハ以外ナルヤ未タ詳
ナラス
捕虜ハ聯合艦隊主力部隊ニ於テ收容セル二千ノ外尚ホ一千以上アリ

捕虜海軍少將ネボガトフ以下約二千

（備考）右ノ外本戰開始以來聯合艦隊司令長官直率以外ノ指揮官又ハ望
樓ノ報告ニ係ル敵ノ損害左ノ如シ

「アドミラル、ナヒーモフ」（巡洋艦八五二四噸）　擊沈
「ドミトリー、ドンスコイ」（巡洋艦六二〇〇噸）　擊沈
「ウラジミール、モノマフ」（巡洋艦五五九三噸）　捕獲後沈没
「スウェトラーナ」（巡洋艦三七二七噸）　擊沈

官報號外　明治三十八年五月二十九日（明治三十八年第三種郵便物認可）

5－8　日本の官報（1905年5月29日付）の日露戦争の海戦の戦報

を入れた（谷治正孝, 2002）。

　こうした中で日本海が急速に定着することになるが、決定的なきっかけは
1905 年 5 月 27—28 日の日露戦争の海戦である。当初、これは対馬海戦、朝鮮
海峡海戦と報道されたが、大本営はすぐに東郷平八郎の名でこの海戦を日露戦
争の海戦と命名した。日本の官報では、5 月 29 日から日露戦争の海戦戦報とい
う見出しを使用した。官報に掲載された主な内容は、連合艦隊が敵軍ロシア艦
隊を遊撃し、大破させて沈没させたというものである。国が発行する官報は、
法令の公布や政府の政策決定を告示する公式的な文書である。ここに日本海が
初めて表記されたということは、その後に刊行される各種の地図においてこの
地名に従わなければならないことを意味する。日露戦争の海戦によって日本で
は日本海の地名が定着したと思われるが、それにもかかわらず日本海を使用し
ない者もいた（谷治正孝, 2002）。

　日露戦争の海戦以降は、日本海という呼称を、以前とは異なり領海的な意味
で使用することを提唱する人々も登場した。当時、海商法の権威者である東京
帝国大学教授の松波仁一郎は、1906 年刊行の『東北評論』第 8 号において、誰
が日本海という名を付けたか知らないが、これを日本の領地やその勢力下にあ
るものとみなすべきであると提言した（芳井研一, 2002）。これは、日本が日露
戦争をきっかけにこの海域を日本の海化、つまりこの海を掌握して支配しよう
とするマーレ・ノストルム（mare nostrum）運動と関連がある。

　富国強兵を掲げた明治政府の国家主義政策とこの海に対する地政学的重要性
の認識により、ついに日本において日本海という地名が日露戦争直後に定着す
ることとなった。当時、日本の帝国主義は、韓国、日本、ロシアに囲まれた海
の名称に関し、日本海という地名の成立を公海（high sea）ではなく日本の領
海（territorial sea）としてみたのである。

216

2　韓国の地理教科書と東海地名の受難

日韓併合以前までの全般的な傾向

　近代地理教科書の刊行と主に、韓国の人々が長い間呼称してきた伝統地名の東海は、19世紀末から欧米や日本、中国などから外来地名の日本海が導入されたことによってその立場が狭くなった。近代韓国では学校教育が始まって以来、1910年の日韓併合以前まで、国及び民間によって約30種類の小中等学校地理教科書（地理付図を含む）が出版された。表8は、筆者がこの時期に出版された韓国の小中等学校の地理教科書を対象に、この海域の名称表記を調査してまとめたものである。この時期の地理教科書に表記されたこの海域の地名は計258回登場し、その類型は、東海以外に日本海、朝鮮海、大韓海、海、大海、滄海、碧海、東方海、そしてこれらの地名の併記（朝鮮海・東海、日本海・東海、東海・滄海）など様々である。これらのうち日本海が116回（45.0％）で最も多く、次いで海と大海44回（17.1％）、東海43回（16.7％）、滄海17回（6.6％）、大韓海15回（5.8％）、朝鮮海12回（4.7％）、その他11回（4.3％）の順である。

　時期的には、最初の地理教科書が刊行された1891年から1905年の第二次日韓協約まで、日本海（57.1％）の表記が優勢である。一方、第二次日韓協約以降の1906年から1910年の日韓併合までは、日本海（42.1％）と海・大海（15.8％）が減少し、その代わりに東海（17.7％）と朝鮮海（5.3％）の表記が多少増加した。また、新しい類型として大韓海（7.2％）と朝鮮海・東海、日本海・東海、東海・滄海などの併記（3.3％）地名も登場した。第二次日韓協約以降、地理教科書から外来地名の日本海が減少したのは、地理教科書執筆者らの日本海という地名に対する反感が反映されたものと推測できる。さらに、海や大海といった普通

表8 近代韓国の地理教科書に表記されたこの海域の地名

出版年度	地理教科書及び付図	著者（編集、訳者）	海域の地名表記	
			教科書の本文	教科書の地図
1891	士民必知	H. B. Hulbert	日本海(2)	日本海(1)
1895	朝鮮地誌	学部編集局	日本海(1)、滄海(2)、海(3)	―
1895	小学万国地誌	学部編集局	日本海(1)	―
1896	五洲各国統属全図	学部編集局	―	日本海(1)
1896	世界全図	学部編集局	―	―
1896	地球略論	学部編集局	東海(1)	―
1896	輿載撮要	呉宖默	東大海(1)、東南大海(1)、南大海(1)	東大海(2)
1897	大韓輿地図	学部編集局	―	―
1899	大韓地誌1・2	玄采	日本海(6)、東海(5)、碧海(1)、大海(1)、海(2)	―
1902	中等万国地誌1・2・3	朱栄煥、盧載淵	日本海(16)、朝鮮海(1)	―
1906	初学地誌	E. H. Miller	日本海(2)	日本海(2)
1906	漢文大韓地誌 上・下	李源兢		
1907	大韓新地誌 乾・坤	張志淵	日本海(5)、東海(7)、滄海(5)、碧海(1)、東北海(1)、大海(8)、海(9)	大韓海(1)
1907	新編大韓地理	金建中訳	日本海(5)、東海(10)、朝鮮海(6)、海(3)、朝鮮海・東海(2)	―
1907	初等大韓地誌	安鍾和	滄海(2)、海(2)	―
1907	初等大韓地誌	安鍾和、柳瑾	東海(2)、滄海(1)、海(3)	―
1907	万国地理 上・下	黄潤徳訳	日本海(7)、東海(1)、日本海・東海(1)	―
1907	新撰外国地誌 上・下	陳煕星訳	日本海(10)、東海(3)、海(3)	―
1907	新訂中等万国新地誌 上・下	金鴻卿	日本海(10)、朝鮮海(1)	―
1907	初等地理教科書	国民教育会	日本海(3)	
1908	初等大韓地誌	趙鍾萬	滄海(1)、海(3)	大韓海(1)
1908	大韓地誌教科書	大同書館	大韓海(12)	―
1908	問答大韓新地誌	博文書館	東海(2)、朝鮮海(2)、滄海(1)、東海・滄海(3)	―
1908	中等外国地理 上・下	兪鈺兼	日本海(9)、日本海・東海(1)	
1908	最新世界地理	鄭雲復	日本海(4)	日本海(1)
1909	初等本国地理1・2	朴晶東	日本海(13)、東海(2)	―
1909	最新初等大韓地誌	鄭寅琥	日本海(2)、東海(2)	朝鮮海(1)、滄海(1)
1909	最新高等大韓地誌	鄭寅琥	日本海(2)、東海(3)、滄海(1)	朝鮮海(1)、滄海(1)
1909	初等万国地理大要	安鍾和	東海(1)	
1910	初等大韓地誌	安鍾和	日本海(1)、東海(4)、滄海(2)、東方海(1)、大海(1)、海(1)	―
1910	新訂中等万国地誌	宋憲奭	日本海(11)、大韓海(1)	日本海(1)

※括弧内の数字はこの海域の地名表記の数

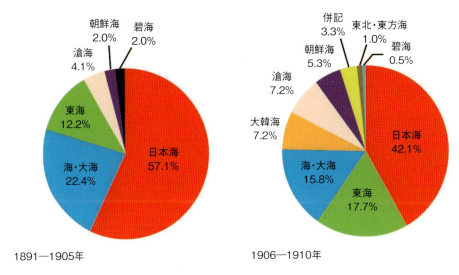

5-9　第二次日韓協約前後の海域の地名の推移

名詞が減少し、朝鮮海と大韓海という地名の割合が増加したことも、地理教科書執筆者らのこの海域に対する領海意識と日本海に対する反感が同時に表出したものとみられる。

　近代韓国において地理教科書が刊行されて以来、後期になるほど日本海の地名が次第に減少し、その代わりに様々な海の名称が登場する傾向は、先に考察した近代日本の場合と反対である。つまり、近代日本においては明治初期の地理教科書に伝統地名の北海と外来地名の日本海が共に導入されたが、後期になると日本海の地名への単一化が行われた。一方、近代韓国においては、初期の地理教科書に外来地名の日本海が導入されたが、第二次日韓協約以降は日本海の地名に対する抵抗感から、この海域の名称には様々な類型が登場し、混乱を招く程であった。

　これは、当時の教育思潮と密接な関連がある。第二次日韓協約以前は、近代日本と似たように啓蒙主義地理教育が強調された時期であった。特に、近代韓国においては1880年代からキリスト教系と民族系私学によって地理教育が次々と導入され、1890年代半ばから官公立学校が設立されて、地理教育が画期的に

第5章　近代の地理教育における日本海と東海　219

定着することとなった。しかし、第二次日韓協約以降は統監府の統制の下で、これに対応する私学中心の抵抗的民族主義が台頭した国家主義地理教育の時期に当たる（南相駿, 1993）。その過程において、韓国の伝統地名として東海は、外来地名の日本海、朝鮮海、大韓海と混用されながら試練に遭うこととなった。

外国人宣教師が著述した韓国初の地理教科書と日本海

朝鮮は長い間鎖国政策を貫いてきたが、1876年に江華島条約によって門戸を開放した。これに伴い、西欧の制度と文物、そして教育に対する要求も増えることとなった。西洋の文物を学ぶべく1883年に元山学舎が建てられ、1886年には西洋式の教育機関である育英公院が設立された。また、キリスト教の宣教師らによって培材学堂、梨花学堂、貞信女学堂などが設立され、近代教育の発展に貢献した。

韓国初の地理教科書はアメリカ人宣教師ホーマー・ハルバート（Homer Bezalee Hulbert）が著述した『士民必知』で、1891年に刊行された。著者は1886年に来韓し、育英公院の教師として外国語を教え、第二次日韓協約以降は韓国の独立のために積極的に協力したため、日本によって強制的に追放された。

5-10　ホーマー・ハルバート
（1863-1949）

ハルバートの『士民必知』は世界地理の教科書で、日本で製作されて韓国国内に持ち込まれた。著者は、当時の国際情勢に暗かった韓国人の国際理解と啓蒙を図るために、誰でも簡単に読むことができるようハングルだけで著述した。教科書の本文には、第3章アジア州の朝鮮国と日本国の位置に関する記述において日本海の地名がそれぞれ1回ずつ登場するが、その内容は次の通りである。

朝鮮国の境界の部分で「北は満州、東は日本海、南は東海、西は黄海であり」、そして、日本国の境界の部分で「東南北は太平洋で、西は日本海で

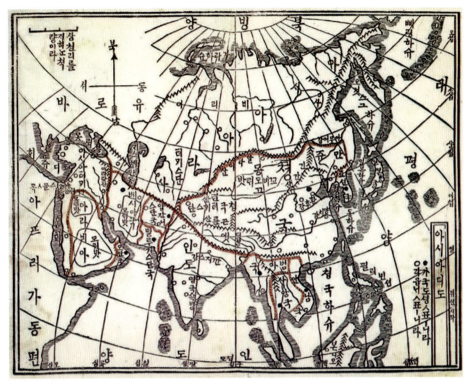

5－11 『士民必知』アジア地図（1891）の日本海

あり」と記述されている。教科書の朝鮮国では日本海が韓国の東側の海を、そして日本国では日本海が日本列島の西側の海を指している。また、『士民必知』に収録されたアジア地図では、この海域の中央に日本海が表記されている。

　この教科書は、1895年に学部において白南奎・李明翔が漢文に翻訳して韓国国内で漢文版『士民必知』としても刊行されたのだが、本文に収録されていた地図は国内出版技術の難しさから全て省略された。日本海という地名は、ハングル版と同じでアジア州の朝鮮に関する位置の記述において1回使用されたのみである。1906年にはハングル版『士民必知』が改訂され、日本海という地名も本文と地図において増加した。教科書において日本海という地名はカラパン東半球図、アジア州、大韓地図のそれぞれに登場し、本文には朝鮮の位置に関する説明の部分に日本海という表記が1回追加され、ロシアの位置の説明に日

第5章　近代の地理教育における日本海と東海　221

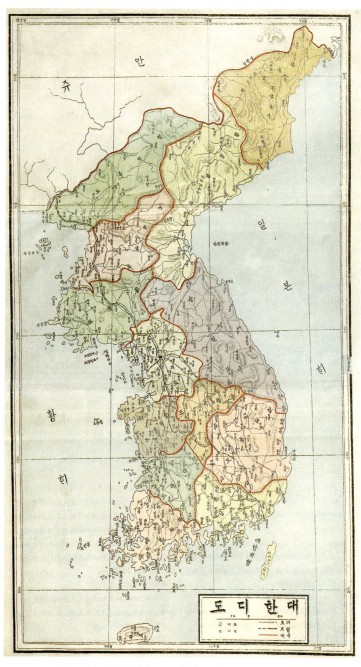

5－12 『士民必知』人韓地図（1906）の日本海

本海という地名が新たに明記された。日本海という地名が記載されたこの本の大韓地図は、1906年に彼の妻ミラー（Miller）が著述した『初学地誌』にも同じものが載っている。しかし、地図において日本海という表記の位置は同じではない。

ハルバートは1891年刊行の『士民必知』を書くにあたって、英米圏の地理教科書と地図資料を参考にした。したがって、彼がハングル版『士民必知』という世界地理教科書に日本海の地名を採用したのは、英米圏の世界地理教科書又は地図に表記された日本海という地名を忠実にハングルに翻訳したからである。

国が編纂した最初の地理教科書と日本海

甲午改革（1894-1896）の期間に近代教育体制が作られ、高宗は1895年に教育立国詔書を頒布し、各種学校法規を制定した。当時国の教育を総括していた学部は、1895年に小学校令を公布すると同時に小学校児童向けの地理教科書『朝鮮地誌』と『小学万国地誌』をそれぞれ編纂した。これらの地理教科書は地図のないハングル・漢文混用文体で、伝統的な地域地理の記述方式に準じている。国が編纂した最初の地理教科書の本文では、この海域の名称が全て日本海と表記されている。すなわち、『朝鮮地誌』では朝鮮の位置に関する説明で「朝鮮はアジア州東端に位置し、東南は日本海に面し、西は黄海に臨み、北は鴨緑江・豆満江が……」と記述してこの海域の名称を日本海と明記しており、その他にこの海域を指す名称として滄海と海が登場する。そして、『小学万国地誌』でも日本の位置の部分で「日本は太平洋西北の隅に位置し、5つの大きな島と多数の小さな島で……西北は日本海に臨み、西側の隅は朝鮮海峡に臨んで朝鮮と向かい合い、東南一面はまさに太平洋である」と記述し、日本海という地名を使用した。

そして、学部編集局では地理教科書以外に、現在の地理付図に当たる五洲各国統属全図という世界地図を1896年に刊行したが、これにもこの海域の名称が日本海と表記されている。また、学部編集局は『小学万国地誌』の付図とし

第5章　近代の地理教育における日本海と東海　　223

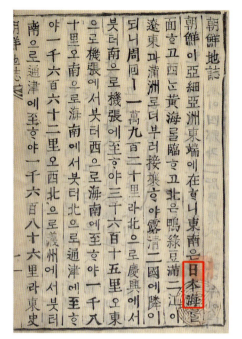 

5-13(a)『朝鮮地誌』(1895)の日本海　　5-13(b)『小学万国地誌』(1895)の日本海

て1896年に世界全図、そして『朝鮮地誌』の付図として1897年に大韓輿地図をそれぞれ刊行したが、これらの地図にはこの海域に如何なる海の名称も表記されていない。

　一方、学部編集局が1896年に刊行した呉宖黙の『輿載撮要』と著者未詳の『地球略論』には、東大海、東海など、朝鮮時代の古地図に見られる伝統地名が使用された。このように学部編集局刊行の地理教科書と付図では、この海域の名称表記が著者によって異なる。また、地図に海の名称を表記していない場合もある点から推測すると、学部編集局はこの海域の地名表記において統一性を図らなかったものとみられる。

　全般的に、学部編集局刊行の地理教科書ではこの海域の名称として日本海という表記が優勢であるが、それは、西欧と日本、中国と関連がある。当時学部大臣であった李完用は、1895年に刊行された『小学万国地誌』の序文において、この教材の完成を非常に喜びながら、製作経緯に関連し学部の日本人編集

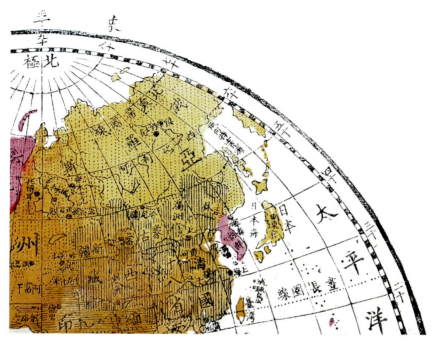

5-14　五洲各国統属全図（1896）の日本海

局長・高見亀と話し合い、彼に翻訳を依頼したと言及している。高見亀は、開化思想家の福澤諭吉が設立した慶應義塾大学出身である。彼は地理教科書を編纂する過程で、日本の世界地理教科書に表記された日本海の地名を忠実に翻訳したものとみられる。また、五洲各国統属全図の原本はイギリスの世界地図である。イギリス人宣教師ティモシー・リチャード（Timothy Richard）は、清に滞在しながらイギリスの世界地図を基に、1892年に中国語に翻訳して五洲各国統属全図を刊行した。学部編集局の朝鮮の人々は、この地図を重訳し1896年に学校教育用として五洲各国統属全図を刊行したのである。

　宣教師が製作した韓国最初の地理教科書と学部編集局が刊行した地理教科書を通じて分かるように、近代韓国においては地理教科書の刊行と共に日本海の地名が導入された。日本海を地理教科書に導入した主体は、アメリカ人宣教師、日本人補佐官、そして中国及び日本の資料の翻訳又は編集に関わった韓国人であった。宣教師と学部編集局により編纂された地理教科書の日本海という表記

は、その後に刊行された地理教科書の地名の表記に影響を及ぼしたものとみられる。しかし、日本と異なり、近代韓国においてこの海域の名称としての日本海は、1905年以降、小中等学校の地理教育において定着の方向には展開されなかった。

第二次日韓協約以降の統監府の学部への関与と日本海の強固化

　日本は1905年11月の第二次日韓協約以降、日韓併合を目的にソウルに統治機関である統監府を設置し、1906年2月から業務を開始した。韓国の初等教育の掌握のために、1905年に東京師範学校教授の幣原坦が学部の学政参与官として就任した。彼の主な任務は教科書の編纂で、日本語で書かれた教科書を作ろうとしたが、韓国の学部の官僚と対立してあまり成果を上げることはできなかった（芳井研一, 2002）。そこで伊藤博文統監は、初代学政参与官の幣原坦の教育改革に進展がないとみて彼を解任し、1906年に東京高等師範学校教授の三土忠造を学政参与官として任命し、学部の教育政策に積極的に関与させた（稲葉継雄, 1999）。彼は普通学校児童向けの教科書の編纂に着手し、各教科の教科書を刊行した。日本人による教科書編纂の主導権の掌握が、日本海という呼称導入の要因であった（芳井研一, 2002）。

5－15　三土忠造
(1871-1948)

　統監府の関与が強化される中、学部は1906年8月に普通学校令を公布し、従来の小学校を普通学校に改称して、修業年限を6年から4年に短縮した。そして、従来小学校5、6年生に毎週2時間ずつ割り当てられていた地理及び歴史科目は、普通学校では毎週授業時間を付与せず、国語と日本語の授業の時間に教えるようにした。統監府の侍女として学部は、植民地教育の準備段階として格を下げる意味で初等段階の学校の名称を改称し、修業年限を短縮し、さらに国民意識の形成と密接な地理及び歴史教育を縮小したのである。

親日を標榜した統監府の教育方針に基づき、学部が1907年2月から編纂した『普通学校学徒用国語読本巻1～巻8』は、当時の学部編集局長・魚允迪と学政参与官・三土忠造の作品である。植民地教育の前哨段階において作られた国語読本の主な内容は、地理、歴史、政治、経済、法、社会、文化、生活、科学、芸術、体育などであった。教科書本文には韓国児童の態度の形成に関連し、日本に対する感謝、世界における日本の優秀性の自覚などの内容があちこちに見られる。例えば、『普通学校学徒用国語読本巻8』の第17課「統監府」には、「統監は韓国の政治を改善し、教育を普及させ、農商工業を発達させて韓国人民の安寧幸福を図り、……また統監府は設置されて以来その日は猶浅であるが、韓国の政治、教育、農商工業は次第に改進する所に向かった。この形勢で数十年が経過すれば、韓国は全然に面目を一新するであろう」と記述されている。

　近代韓国では1895年に小学校校則大綱が公布され、学部編集局によって1895年に『国民小学読本』、1896年に『新訂尋常小学』などの国語読本教科書が出されたが、ここには地理及び歴史に関連する内容がほとんどなく、韓国と日本列島の間の海域の名称も見られない。しかし、1907年に学部が刊行した『普通学校学徒用国語読本』では、1906年の普通学校令に基づいて地理及び歴史に関する内容が充実している。そのため、この本の地理教材にはこの海域を指す海の名称が本文の記述内容と収録地図に計11回登場する。すなわち、本文の記述内容に日本海4回、東海1回、そして収録地図には日本海が6回登場する（表9）。

表 9 『普通学校学徒用国語読本』（1907）のこの海域の名称

巻	課	記述内容	収録地図
4	第 4 課 韓国の地勢	我が大韓国は、三面を海に囲まれており、一面は大陸と互いに接していて、東には日本海があり、南に朝鮮海があり、西には黄海がある。東海には鬱陵島の外に島嶼がなく、東南海と黄海には無数の島嶼がある。	韓国全図の日本海
	第 14 課 我国の北境	我が国の北境には 2 大河川があり、一つは鴨緑江と呼び、一つは豆満江と呼ぶ。鴨緑江は黄海に流れ、豆満江は日本海に流れており、我が国で一番長い川は鴨緑江で、その次は豆満江である。	―
5	第 3 課 5 大河川	豆満江も又この白頭山を水源としているが、鴨緑江と反対の方面に流れ下り、日本海に流れ込む。日本海に流れ込む長い川は、ただこの川だけである。	韓国全図の日本海
	第 18 課 咸鏡道	―	咸鏡道地図の日本海
6	第 5 課 江原道	―	江原道地図の日本海
7	第 20 課 交通機関	―	韓国交通略図の日本海
8	第 4 課 満州	―	満州地図の日本海

　本文の巻 4 第 4 課「韓国の地勢」、第 14 課「我国の北境」、そして巻 5 第 3 課「5 大河川」の記述内容には、韓国と日本列島の間の海の名称として日本海が採用された。韓国周辺の東側の海に関する説明で日本海が使用され、韓国の北側の境界に当たる豆満江が白頭山を水源として東に流れ込むその海が日本海と表現された。このような韓国の位置と境界に関する記述は、当時日本で刊行された様々な類型の『朝鮮地誌』によく見られる。ところが、巻 4 第 4 課「韓国の地勢」では東海と東南海が表記されているが、これは韓国の東側の海、東南側の海を指す普通名詞として使用されたものである。

　また、この文章で「鬱陵島の外に島嶼がなく……」と記述されたのは、日本が独島を島根県に編入した直後のことであり、統監府の韓国での教育に対する関与が窺える部分である。日露戦争において日本は独島の地政学的重要性を認識して 1905 年 2 月に独島を日本の領土に編入し、韓国はその事実を 1 年が過ぎた後に知ることとなった。これを受けて、1906 年 5 月に大韓毎日申報と皇城新聞はその不当性を報じた。こうした状況で、学部（1907）が『普通学校学徒

用国語読本』の地理教材で鬱陵島の外に韓国領土の独島があるにもかかわらず島がないと記述したのは、国語読本の編纂に統監府の積極的な介入があったからと推測できる。統監府の政治的関与がなければ、韓国の国定教科書におけるこのような表現はあり得ないことである。

　本文に収録された地図でも、韓国東側の海に日本海以外に他の名称は見られない。巻4第4課「韓国の地勢」、巻5第3課「5大河川」には、同じ韓国全図に日本海が元山湾東側の海に表記されており、南側の海には朝鮮海峡に代わって朝鮮海と記載されている。巻7第20課「交通機関」の韓国交通略図にも、日本海が江原道東側の海に縦書きで表記されている。また、この海域に面した咸鏡道と江原道の地方誌に収録された咸鏡道地図と江原道地図にも日本海が登場する。しかし、この海に面した慶尚道地図では、東側の海に何の名称もない。それは、地図に地名を表記するスペースがあまりないからだと思われる。一方、歴史教材に当たる巻8第4課「満州」に収録された満州地図にも日本海が見られる。

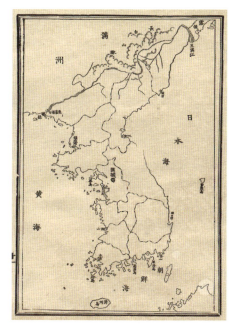
5－16　韓国全図（1907）の日本海

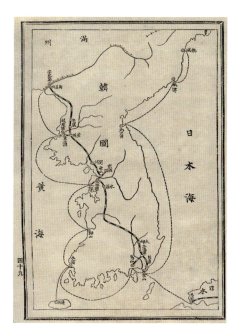
5－17　韓国交通略図（1907）の日本海

第5章　近代の地理教育における日本海と東海　　229

5-18 咸鏡道地図 (1907) の日本海

5-19 江原道地図 (1907) の日本海

5-20 慶尚道地図 (1907) の無表記

5-21 満州地図 (1907) の日本海

このように、統監府の関与によって作られた学部（1907）の『普通学校学徒用国語読本』には、この海域の名称として日本海が公式に表記された。日本は統監府設置以降、効率的な統治を目的に様々な韓国地図を製作した。例えば、統監府通信管理局が1906年12月1日に編纂した韓国通信線路図は、京釜線、京義線の鉄道路線をはじめ主要陸上道路、航路が明細に記載された大型（134.6×74.3cm）の地図である。ところが、日露戦争以降に製作されたこの地図に海の名称がないのは疑問である。なぜなら、この時期に日本で製作された地図で、海の名称表記がないものはほとんどないからである。統監府が地図製作において東海と日本海の表記について悩み、保留したのではないかと思われる。

　学部は韓国通信線路図を底本として、1907年に『普通学校学徒用国語読本巻7』第20課「交通機関」に日本海が明記された韓国交通略図を製作したものとみられる。その後統監府通信管理局は、1906年の韓国通信線路図を一部補完し、この海域に日本海と表記した韓国通信略図を1908年2月1日に刊行した。したがって、統監府の関与によって学部が韓国児童を対象に日本海という名称を定着化した最初の試みは、公教育において使用された『普通学校学徒用国語読本』の地理教材であるといえる。事実上、この時期から韓国の官公立普通学校教育において地域認識のための東海という地名が姿を消したといっても過言ではない。

　このような状況で、1907年に忠君愛国を掲げた愛国歌が登場し、玄采は個人的に国語読本を著述した。そして、彼の子・玄公廉は、1908年に韓国全図と地図集を製作し、日本海という地名に対する方策を表明した。さらに、民間の地理教科書では、日本海の代わりに朝鮮海、大韓海、併記地名などを使用する執筆者も出てきた。

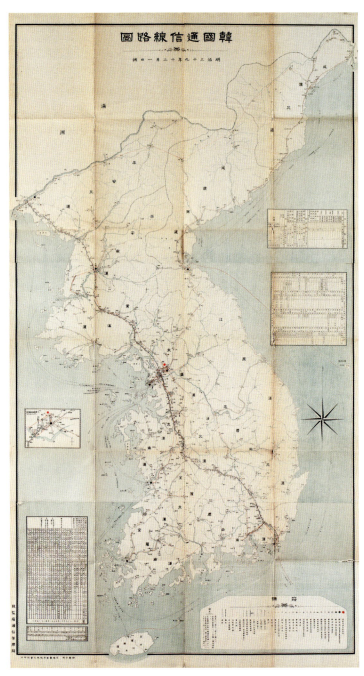

5－22　韓国通信線路図（1906）の無表記

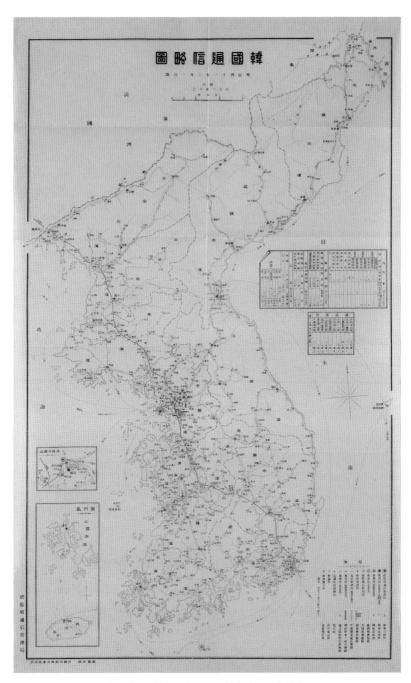

5 - 23 韓国通信略図（1908）の日本海

忠君愛国を願う愛国歌の登場と東海

　大韓帝国時代末期、西洋列強の通商要求と日本の侵略が本格化するにつれ、義兵抗争と愛国啓蒙運動が活発に展開された。抵抗的民族主義運動が展開される中、この時期に愛国の願いを込めた愛国歌、国民歌、讃美歌、無窮花歌、啓蒙歌などの歌が多数作られた。現在、韓国では愛国歌の作詞者は未詳となっている。しかし、金煉甲（1998）、申東立（2015）などの愛国歌の作詞者に関する研究によると、韓国の愛国歌は1907年に尹致昊が作詞したものとみられている。

　尹致昊は1907年に『讃美歌』という歌集を初めて出版したが、これは現在まで発見されていない。彼が1908年に再版した『讃美歌』には、3編の愛国歌類が掲載されている。この中で、現在の愛国歌の歌詞と関連のあるものは、1899年に完成した無窮花歌、1907年に完成した愛国歌である。1899年の無窮花歌の歌詞は次の通りで、さびは現在の愛国歌と同じである。1899年6月27日付の独立新聞によると、この歌は培材学堂の放学礼式で初めて歌われたという。

　第二次日韓協約以降に大韓帝国が滅びゆく状況で、愛国歌の作詞家として知られる尹致昊は、日本海という名称を導入した学部の教科書に対抗し、あえて「東海の水」で始まる愛国歌を作詞したものと想像される（芳井研一，2002）。尹致昊は1905年に第二次日韓協約が締結されると、それまでの官職から退いた。

5－24　尹致昊（1866-1945）

そして、張志淵、尹孝定らと共に大韓自強会を組織し、会長を務めて国民の自主自強の精神と能力を涵養するために努めた。まさにその実践の一つが、開城に韓英書院を設立し、安昌浩らが主導した新民会の教育機関である大成学校の校長職を引き受けて救国運動に注力したことである。この過程において愛国歌を作詞し、韓英書院と大成学校で直接教鞭も執っていた（金煉甲，1998）。1907

年に作られた尹致昊の愛国歌の歌詞は、次の通りである。彼は解放後の1945年に直筆で愛国歌の歌詞を残した。

尹致昊は1907年に愛国歌を完成させる過程で、1899年の無窮花歌のさびはそのまま使用し、第2番の「忠君する一片丹心、北岳の如く高く、愛国する熱心義気、東海の如く深い」は一部修正して、1907年の愛国歌の最初の部分に「東海の水と白頭山」という象徴的な名称を使用したのである。つまり、作詞者は第二次日韓協約以降に学生と国民全員に対し、国民意識の形成の一環として忠君愛国する心が東海の海のように深く、白頭山のように高くあるべきという願いを込めて愛国歌を作ったのである。

無窮花歌（1899）	愛国歌（1907）
1 聖子神孫 千万年は 我が皇室よ 　　山高水麗 東半島は 我らの本国なり 　　|繰り返し| 　　無窮花 三千里 華麗江山 　　大韓の人 大韓を 永く 保全しよう	1 東海の水と 白頭山が 涸れて磨り減るまで 　　神様が 護ってくださる 我らの大韓万歳 　　|繰り返し| 　　無窮花 三千里 華麗江山 　　大韓の人 大韓を 永く 保全しよう
2 忠君する 一片丹心 北岳の如く高く 　　愛国する 熱心義気 東海の如く深い	2 南山の上のあの松の木鉄甲を纏ったように 　　風と露 変わらざるは我らの気性なり
3 二千万人 ただ心一つにして 国を愛し 　　士農工商 貴賤なく 職分だけを果たそう	3 秋の空 空闊であり 雲なく高く 　　明るい月は 我らの精神 一片丹心なり
4 我らの国 我らの王 黄泉が助け 　　国民同楽 万万歳に 太平独立しよう	4 この気性と この心で 王に仕えて 　　辛くとも 楽しくとも 国を愛そう

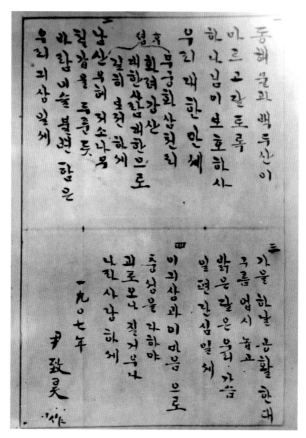

５－25　尹致昊による直筆の愛国歌の歌詞

　尹致昊の愛国歌は、1910年の日韓併合以降も様々な行事において歌われた。特に、3.1独立運動の現場で歌われ、抗日救国という理念を実践した。そのため、愛国歌は朝鮮総督府の禁止曲となった。愛国歌を歌うことは即ち抗日独立運動であり、国権回復運動であるという事実を日本は把握していたのである（申東立，2015）。愛国歌の歌詞には、韓国の地理、歴史、文化などと共に、韓国人に望まれる人間像が反映されている。作詞者は、愛国歌を通じて韓民族のアイデンティティーと情緒を共有し、ひいては国を愛する実践と行動を期待したのである。

236

問題意識の先駆者としての玄采による国語読本の執筆

　愛国歌の最初の節に東海という地名が登場したように、当時民間で著述された地理教科書にも、1907年から日韓併合以前まで、日本海という地名の代案として朝鮮海、大韓海といった自主的な地名が本格的に表記された。この時期に地理教材関連の著作活動においてこの海域の名称表記に対する意識を持ち、最も多く考察して悩んだ代表的な人物は、玄采とその子・玄公廉であると思われる。なぜなら、彼らが第二次日韓協約以前と以後、そして日韓併合前後に完成させた地理教材には、国の政治的状況から東海の名称表記に関して悩んだ跡がみられるからである。特に玄采は様々な資料を考察してみると、1907年2月に学部が編纂した『普通学校学徒用国語読本』の日本海表記に対する問題意識を持っていた先駆者であった。

　玄采は1856年生まれの朝鮮王朝の代表的な訳官家門の出身で、外国語に精通しており哲学、語学、文学、歴史、地理、科学、芸術など多くの著述作品を残し、出版業にも従事した。1896年頃から学部において翻訳及び著述業務を始めたものとみられ、在職期間中に『大韓地誌』(1899)をはじめ多くの歴史書を著述・訳述した。玄采は、1906年に国民教育会の会員として啓蒙運動に参加した。そして、1907年1月には学部から解職されるが、その理由は当時官員であった玄采が民間において『越南亡国史』、『法蘭西新史』、『東国史略』といった国民の愛国心を鼓舞する書籍を著述・訳述し出版したからである（鄭銀卿, 1997）。

5-26　玄采 (1856-1925)

　第二次日韓協約以降、韓国の人々は、国権回復のために愛国啓蒙運動を積極的に展開した。このような中で玄采は、著述活動を通じて韓国人の自主独立や民族意識を高めようとした。学部から解職された玄采は、同年5月に児童向け教科書『幼年必読』、そして7月には教師用解説書『幼年必

読釈義』を出版した。私立小学校の児童向け国語読本教科書として出版された『幼年必読』は、計4巻で構成されている。玄采は学部在職時代に親日を標榜した『普通学校学徒用国語読本』の製作過程に接する中で、愛国啓蒙のバイブル『幼年必読』を準備したものとみられる。この本の凡例によると、児童以外に婦女子や老人など、全ての国民が簡単に読めるように漢字にはハングルでルビを振ったと述べている。

学部の『普通学校学徒用国語読本』と同じように、玄采の『幼年必読』も歴史及び地理教材が多くの分量を占めている。国家に対する考えを持つように歴史を総括し、加えて地理と世界情勢を記述しているのが特徴である。愛国啓蒙に関連し、歴史教材には偉人や中国、日本などの外国勢力に抵抗した人物が多数登場し、地理教材では韓国の山河の美しさを力説している。全世栄（1998）は『幼年必読』の記述内容を中心に、玄采の思想を民族意識、自主自立意識、近代意識、国際関係意識に分類した。偏狭な排日的語句で溢れる『幼年必読』は教科書として最も広く使用され、一般においても広く読まれたため、この書籍は青少年と有識者の間においてバイブルのような存在であった（崔起栄，1993）。

先に述べたように、統監府の関与によって学部が1907年2月1日に編纂した『普通学校学徒用国語読本』には、この海域の名称として日本海が公式に明記された。これをきっかけに民間の地理教科書及び地図製作者らは日本海の表記に本格的に関心を持つようになり、ひいてはこの名称に対して抵抗感が形成されたであろう。特に、玄采の地理教材に見られる東海の表記は、第二次日韓協約前後において確然と異なる。彼が学部在職時代に完成させた1899年の『大韓地誌』では、この海域の名称として日本海、東海、碧海、大海、海などが使用された。東海と表記すべき部分を一貫性なく複数の海の名称で示したことから、この時期まで執筆者の考えにおいて固有名詞としての海の名称に関する認識は弱かったものとみられる。つまり、玄采は地理教科書の執筆に関して伝統地名として東海を使用しながらも特別な意味を付与せず、外来地名の日本海を部分的に受け入れたのである。

しかし、1907 年 5 月に刊行された玄采の児童向け『幼年必読』では、日本海の単独表記や普通名詞地名の大海や海も消えていることから、この海域の名称表記に対する認識が明確になったことが分かる（表 10）。ところが、同年 7 月に刊行された彼の教師用解説書『幼年必読釈義』では日本海が依然として登場し、その他に朝鮮海、滄海などの地名も使用されている。この海域の表記に関し、児童向け教科書と教師用解説書において一貫性がないことが分かる。筆者にはその理由が分からないが、玄采は東海の海が様々な名称で呼称されているという事実を教師は知っておく必要があると判断したのではないかと思われる。

　児童向け『幼年必読 巻 1』の第 8 課「地勢」ではこの海域を朝鮮海と表記し、第 11 課「金剛山」では一万二千峰が高く東海に臨んでいると記述している。玄采は、巨視的観点から韓国の地勢を記述するときは従来の日本海の代わりに朝鮮海と表記し、微視的観点から金剛山周辺の海を指すときは東海と記載したのである。一方、歴史教材の『幼年必読 巻 2』第 25 課「徐熙」には契丹の侵攻に関する記述の中でアジア図が収録されているが、ここでは韓国の東側の海に東朝鮮湾、日本列島西側の海に日本海が表記されている。これは、学部の『普通学校児童用国語読本』に収録された複数の地図の日本海単独表記と異なり、

表 10　『幼年必読』（1907）のこの海域の名称

巻	課	記述内容	収録地図
1	第 8 課 地勢	我が国は随所に山が多くて原が少なく、白頭山脈が北から南へ伸びており、我が国全国の全ての山がここから分かれる。地勢は、東は朝鮮海に臨んで急傾斜となっており、西と南は黄海と朝鮮海峡に面し、北側は満州と接している。	―
	第 11 課 金剛山 1	金剛山は江原道にあり、世界第一の名山で、白頭山の南脈である。分水嶺から八百里余り伸びており、一万二千峰が高く東海の上に臨み、山の上に赤松と五葉松が空へと伸びており、その奇異なる景色が絵のようである。	―
2	第 25 課 徐熙 1	―	アジア図の東朝鮮湾、日本海

第 5 章　近代の地理教育における日本海と東海　239

5-27 『幼年必読』アジア図（1907）の東朝鮮湾、日本海

韓国の地理教材において一つの海域に二つの海の名称を表記した初めての地図である。玄采のこうした試みは、韓国と日本の立場を同時に考慮した結果とみることができる。

　第二次日韓協約以降、学部は統監府の下で『普通学校学徒用国語読本』を編纂したが、学部に在職しながら愛国書籍を刊行したことで解任された玄采は、個人的に愛国啓蒙に立脚して『幼年必読』の製作に邁進したのである。公立と私立学校でそれぞれ児童の教育用として使用されたこれらの国語読本では、本文の記述内容と収録地図においてこの海域の名称表記がはっきりと異なること

が分かる。しかし、学問を通じて自ら励み努めて愛国啓蒙を主張した玄采の『幼年必読』は危機を迎えることになる。私学を中心に国権回復のための韓国人の動きが激しく展開されると、日本の関与により 1908 年 8 月には私立学校令、9 月には学部令によって教科用図書検定規定が公布されたためである。結局、自主独立、愛国啓蒙を掲げた玄采の『幼年必読』は、日本の出版法に基づいて 1909 年 5 月に押収及び発売禁止となった。

　玄采は『幼年必読』が押収及び発売禁止となると、4 ヵ月後の 1909 年 9 月にこれに代わる私立小学校教科書として『新纂初等小学』を出した。彼は教科用図書検定規定が公布されると、『幼年必読』の押収に備えて『新纂初等小学』の執筆を予め準備していたものとみられる。この本は計 6 巻からなる歴史と地理中心の国語読本で、教科用図書検定規定に合格した。1907 年の『幼年必読』に比べて、1909 年の『新纂初等小学』は日本を刺激しないように悩んだ跡がみえる。例えば、歴史教材の人物は、古代日本との友好関係の中で文物を伝えた王仁は再び収録されたが、日本の侵略に対抗した将軍らは削除され、代わりに中国の侵略に立ち向かった徐熙や姜邯賛は続けて収録し児童の自負心を高めようとした。しかし、厳格な教科書検定規定により、自主独立、愛国啓蒙に関連する内容は 1907 年の『幼年必読』に比べてかなり減った。これについて朴政英（2014）は、玄采の『新纂初等小学』を愛国と親日の二重性を持つと評した。歴史学界では、この教科書が学部の検定に合格したという理由で親日教科書とみることもある。

　1909 年の『新纂初等小学』でも、地理及び歴史教材にこの海域の名称が見られる。特記すべきは、本文の記述内容において、従来『幼年必読』で表記されていた朝鮮海と東海が、全て東海に統一された点である。つまり、玄采は巨視的、微視的観点を問わず、韓国の東側の海を全て韓国の伝統地名である東海と表記した。さらに、この教科書には一つの海に二つの海の名称を記載した新しい類型の地図が登場したことも注目に値する（表 11）。

第 5 章　近代の地理教育における日本海と東海　241

表11 『新纂初等小学』(1909) のこの海域の名称

巻	課	記述内容	収録地図
5	第15課 金剛山	金剛山は江原道にあり、我が国第一の名山で、白頭山の南側の山脈であり、分水嶺から千里余り伸びている。一万二千峰が高く東海上に臨み、山の上に赤松とコノテガシワが空高く聳えており、奇異なる景色が絵のようである。	―
	第24課 徐熙1	―	アジア図の 東朝鮮湾、日本海
6	第15課 地勢と境界と山海及び沿海岸	我が国には白頭山脈が北から南へ走り、全国の全ての山になりました。地勢が、東北部は高くて狭く、水の流れが短くて急で、西南部は低くて次第に広大になり、農作する平野が多いです。境界は、東は東海に臨み、その南端の海角は朝鮮海峡を挟んで日本の対馬島と向かい合い、西南は黄海に遮られて中国山東省を遠くに相対し、北は鴨緑江と白頭山で中国との境界をなし、東北の一角は豆満江を挟んでロシア領土の端と接する。	―
	第16課 交通の機関	―	韓国交通略図の大韓海、日本海

　本文に収録された二つの地図は、玄采が自身の『幼年必読』と学部の『普通学校学徒用国語読本』にある地図を再び使用したものである。しかし、『新纂初等小学』の地図での海の名称表記の方法は自身の『幼年必読』に収録された地図と同じであるが、学部の『普通学校学徒用国語読本』に収録された地図とは同じではない。つまり、『新纂初等小学 巻6』第16課「交通の機関」は、学部の『普通学校学徒用国語読本 巻7』第20課「交通機関」を引用したもので、本文の内容は韓国の交通に関連して鉄道、港湾、都市を説明し、同じように韓国交通略図（図5―28）が収録されている。しかし、この地図には学部が日本海を単独表記した韓国交通略図（図5―17）と異なり、大韓海が追加されている。玄采は、韓国の東側に大韓海と日本海をそれぞれ縦書きで共に表記した。日本海を単独で表記せず、大韓海と共に表記するという玄采の意図が地図に反映さ

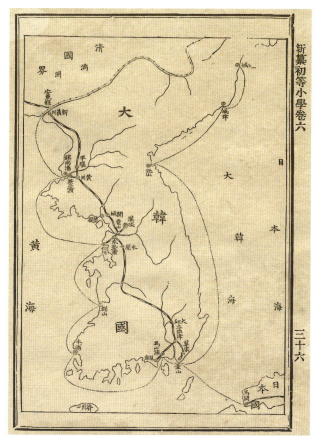

5-28 『新纂初等小学』韓国交通略図(1909)の大韓海、日本海

れたものである。このような点から推測して、当時学部の教科書検定は厳格であったが、この海域の名称表記に対する基準は明確でなかったものとみられる。

　玄采が1909年に完成させた『新纂初等小学』にこの海域の名称として大韓海が初めて登場するが、後述するようにこれは玄采と共に国民教育会で活動していた張志淵と趙鍾萬の地理教科書に影響を受けたものとみられる。なぜなら、1907年の張志淵の『大韓新地誌』に収録された大韓全図、1908年の趙鍾萬の『初等大韓地誌』に添付された大韓全図には、それぞれこの海域に大韓海と記載されているからである。しかし、地図において一つの海域に大韓海と日本海を共に表記しはじめたのは、彼の子・玄公廉が製作した1908年の大韓帝国地図が

第5章　近代の地理教育における日本海と東海　243

玄采のそれより早い。したがって、一つの海域に大韓海と日本海という二つの海の名称を表記したのは、玄公廉のアイディアであったと思われる。

玄采の意識を継承した子・玄公廉の地図製作

　この時期に活動した玄采の子・玄公廉も、父の出版事業を受け継いで各種教科書を著述及び刊行した代表的な人物である。開化期に各種の地理教科書が多数出版されたが、相対的に体系が整った地理付図は乏しいほうである。これを受けて玄公廉は、第二次日韓協約以降に韓国地理教科書用に韓国の全図及び地理付図の製作に関心を持ったものとみられる。彼が完成させた韓国の全図には1908年の大韓帝国地図、そして韓国の地図集には1908年の『新訂分道大韓帝国地図』と1911年の『最新朝鮮分道地図』がある。これらの地図は当時の学校教育において地理教材として使用され、一般の人々も活用した。

　1908年の玄公廉の大韓帝国地図は、1906年に日本で製作された青木恒三郎の韓国大地図を底本として模写されたものである。この地図は複製品に当たるが、西欧の地図製作技法を受け入れた当時としては最も正確な韓国全図であるといえる。原本の地図と模写地図は非常に類似しているが、必ずしも同じではなかった。すなわち、地図の中央に配置された韓国の全図は、両者どちらも13道の境界と彩色、地名、そして縮尺と大きさなどがほぼ同じである。しかし、両地図の左右に挿入された挿図の内容は少し異なる。玄公廉の大韓帝国地図では挿図の名称が原図の韓国大地図とは異なって表記されたり、原図にあるウラジオストクやウラジオストクの付近図などの挿図は除かれている（表12）。

　何よりも両者の興味深い名称表記は、地図の題名以外に日本の国号と海の名称が異なるという点である。青木恒三郎の韓国大地図にある挿図の「日清韓図」、「世界における日清韓の位置を表す」では日本の国号が「大日本」と表記されているが、玄公廉の大韓帝国地図では「大」が削除され、ただ「日本」と表記されている。そして、海の名称も韓国の立場から原図の東朝鮮湾は東大韓湾、朝鮮海峡は大韓海峡に修正されている。

244

表 12　原図と複製韓国全図の比較

内容	韓国大地図	大韓帝国地図
著者	青木恒三郎	玄公廉
製作日	1906 年 8 月 30 日	1908 年 11 月 24 日
発行元	嵩山堂	中央書館
大きさ	107 × 79cm	104 × 75cm
全図の 13 道	咸鏡北道、咸鏡南道、平安北道、平安南道、黄海道、江原道、京畿道、忠清北道、忠清南道、全羅北道、全羅南道、慶尚北道、慶尚南道	咸鏡北道、咸鏡南道、平安北道、平安南道、黄海道、江原道、京畿道、忠清北道、忠清南道、全羅北道、全羅南道、慶尚北道、慶尚南道
全図周辺の挿図	平壌市街全図	平壌
	京城市街全図	京城
	旅順	清国旅順
	遼東半島図	清国遼東半島図
	世界における日清韓の位置	地球上の韓日清の位置
	ウラジオストク（浦塩斯徳）	-
	ウラジオストク付近図	-
	元山津	元山港
	鎮南浦	鎮南浦
	木浦付近図	木浦付近図
	仁川港	仁川港
	群山港	群山港
	馬山浦	馬山浦
	釜山港	釜山港
	日韓清図	韓日清図
海の地名	日本海	大韓海
	東朝鮮湾	東大韓湾
	朝鮮海峡	大韓海峡
	黄海	黄海

第 5 章　近代の地理教育における日本海と東海　　245

韓国と日本の間の海の名称も、原図の韓国大地図には日本海が咸鏡北道、江原道、慶尚北道東側の海にそれぞれ一文字ずつ大きく表記されているが、玄公廉の大韓帝国地図では原図の日本海が削除され、大韓海が表記されている。また、日本で製作された韓国大地図の挿図である「日清韓図」と「世界における日清韓の位置を表す」には、それぞれ韓国と日本列島の間に日本海が単独表記されている。しかし、玄公廉の大韓帝国地図に掲載された挿図「韓日清図」では大韓海と日本海が共に表記されており、挿図「地球上の韓清日の位置」には韓国と日本列島の間に何の海の名称もない。

　このように、玄公廉が日本の地図を底本として1908年に完成させた大韓帝国地図の内容はほぼ原図と似ているが、この海域の名称表記には明確な違いがある。玄公廉も、父の影響により当時学部が編纂した『普通学校学徒用国語読本』

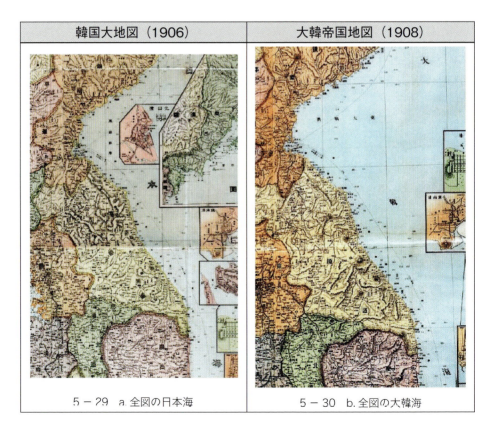

5-29　a. 全図の日本海　　　　　5-30　b. 全図の大韓海

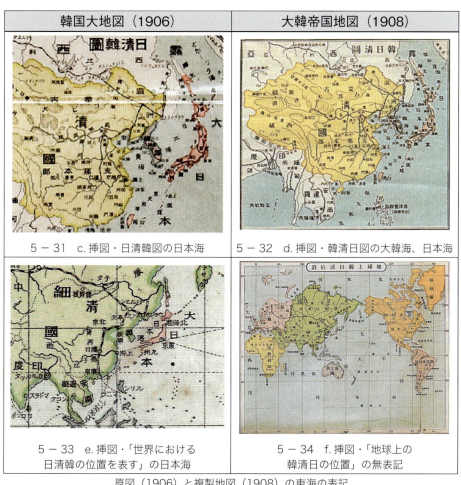

5-31 c. 挿図・日清韓図の日本海

5-32 d. 挿図・韓清日図の大韓海、日本海

5-33 e. 挿図・「世界における日清韓の位置を表す」の日本海

5-34 f. 挿図・「地球上の韓清日の位置」の無表記

原図（1906）と複製地図（1908）の東海の表記

の日本海という地名に対応する目的で『大韓帝国地図』の製作を構想した可能性がある。彼はその過程において、この海域の地名の広報を最大化させるために、テキスト中心の地理教科書の代わりに視覚に訴えることに着目し、地図製作に注目したものとみられる。

　第二次日韓協約以降、玄公廉は、彼の父・玄采と同じように日本海に対する抵抗感から、大韓帝国地図に日本海の単独表記は受け入れなかった。この海域の名称表記に関する父と子の相違点は、玄采は国語読本地理教材の内容の記述

第5章　近代の地理教育における日本海と東海　247

において東海という名称を使用したが、子の玄公廉は地図において東海という名称を一切使用しなかった点である。それは、おそらく玄公廉が日本海に対する代案として伝統地名の東海よりは日本海のように国号が含まれている大韓海のほうを好んだためと思われる。当時彼が製作した地図を通じて、私たちは玄公廉の日本海という地名に対する意識と自主の精神、そして日韓両国の立場を共に考慮した点などを把握できる。

　一方、玄公廉は大韓帝国地図が刊行される3日前の1908年11月21日に『新訂分道大韓帝国地図』という地図集を完成させた。また、日韓併合後の1911年7月18日には地図集『最新朝鮮分道地図』を刊行したのだが、ここには1911年4月に朝鮮総督府の検定に合格した私立学校地理科教師と学生用と記載されている。彼は1908年の『新訂分道大韓帝国地図』を修正及び補完して、1911年に『最新朝鮮分道地図』を刊行したのである。これらの地図集は国の政治的混乱期に当たる1910年の日韓併合前後に完成したという点で、韓国の東海・日本海の名称史研究において意味を持つ。

　これらの地図集の名称は、大韓帝国が日本の植民地に転落すると、朝鮮総督府の検定によって大韓帝国が朝鮮に変わった。そして、序文で著者は、我が国の地図の精密さについて古山子・金正浩に言及しながら、篇帙が多く携帯しにくいという点と、そのため、その煩わしさを解消して簡略に小さな帖にして人々が一目瞭然に見ることができるように意図したと述べている。また、我々の同胞が各一冊ずつ所蔵し、事業を起こすのに役に立つことを願うと述べている。これらの地図集の序文は、韓国地図を朝鮮地図と表現したこと以外、内容はほぼ同じである。特に玄公廉は序文において、地図を通じ、我々の土質が肥沃で物産が豊富なため、上手く開拓して富強になる日を期待すると述べている。

　内容をみると、両地図集にはそれぞれ共通してアジア全図、大韓帝国全図・朝鮮全図をはじめ、京畿道、忠清南北道、全羅南北道、慶尚南北道、江原道、咸鏡南北道、平安南北道、黄海道の計10枚の地図が収録されている。1911年の『最新朝鮮分道地図』が1908年の『新訂分道大韓帝国地図』と異なる点は、各道別地図の裏面に各道に関する地埋的、歴史的名勝地の風景の写真が新たに

収録された点である。その他には、両地図集は概して地図の形状、大きさ、縮尺、地名、記号の凡例などが類似している。しかし、韓国と日本列島の間の海の名称は、日韓併合をきっかけに全く異なる表記となった（表13）。

1908年の『新訂分道大韓帝国地図』では、アジア全図の韓国の東側の海に大韓海、日本列島西側の海に日本海が記載されている。そして、この地図集に収録された大韓帝国全図、江原道、咸鏡南北道には全て東側の海に大韓海が表記されている。さらに、全ての道別地図には本道の位置に大韓海が明記されている。しかし、日韓併合後の1911年の『最新朝鮮分道地図』では、収録されているアジア全図、朝鮮全図、そしてこの海に面する江原道、咸鏡南北道など全ての地図から大韓海が姿を消し、日本海に統一された。

表13　日韓併合前後の玄采の地図集と海の名称表記

地図集	収録地図	海の表記	挿図 (本道の位置)	その他
『新訂分道大韓帝国地図』 （1908）	アジア全図	大韓海、日本海	-	
	大韓帝国全図	大韓海	-	東大韓湾、大韓海峡
	京畿道	-	大韓海	
	忠清南北道	-	大韓海	
	全羅南北道	-	大韓海	
	慶尚南北道		大韓海	大韓海峡
	江原道	大韓海	大韓海	
	咸鏡南北道	大韓海	大韓海	東大韓湾
	平安南北道		大韓海	
	黄海道		大韓海	
『最新朝鮮分道地図』 （1911）	アジア全図	日本海	-	
	朝鮮全図	日本海	-	東朝鮮湾、朝鮮海峡
	京畿道	-	日本海	
	忠清南北道	-	日本海	
	全羅南北道	-	日本海	
	慶尚南北道		日本海	朝鮮海峡
	江原道	日本海	日本海	
	咸鏡南北道	日本海	日本海	東朝鮮湾
	平安南北道	-	日本海	
	黄海道	-	日本海	

第5章　近代の地理教育における日本海と東海　249

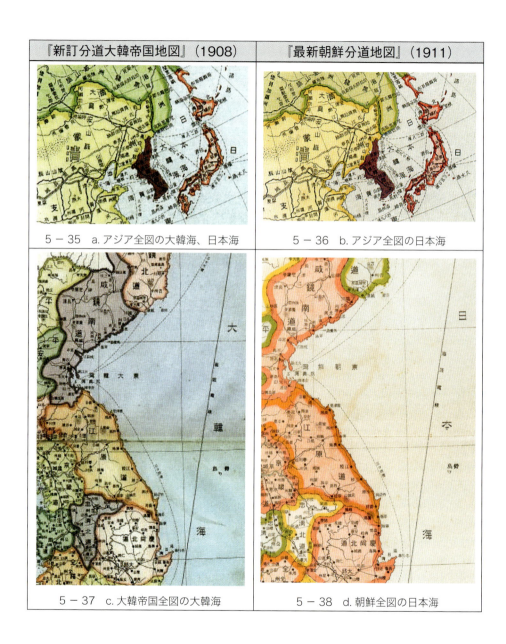

5-35　a. アジア全図の大韓海、日本海　　　5-36　b. アジア全図の日本海

5-37　c. 大韓帝国全図の大韓海　　　5-38　d. 朝鮮全図の日本海

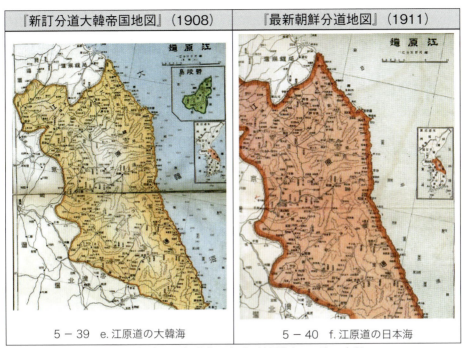

5-39　e.江原道の大韓海　　　　5-40　f.江原道の日本海

日韓併合（1910）前後の玄采の地図集とこの海の表記

　第二次日韓協約以降の日本海に対する抵抗感と自主的代案として登場した玄公廉の韓国全図と地図集の大韓海単独表記、そして大韓海と日本海を共に表記する方法は、日韓併合をきっかけに全て姿を消してしまった。それは、当時の植民地統治機関であった朝鮮総督府が、教科書検定を通じてこの海域の名称を日本海に標準化したからである。ついに、植民地朝鮮においても日本海という地名が完全に定着するに至ったのである。各種の書籍出版事業家であり地図製作者として玄公廉は、日韓併合以降に朝鮮総督府の厳格な教科書検定に直面し、地理付図に日本海単独表記を仕方なく受け入れたものとみられる。玄采と玄公廉父子の日本海への対応は、日韓併合をきっかけに挫折したのである。

　この時期を生きた玄采と玄公廉父子は、日本海表記に対する問題意識を持っていた先駆者といえる。彼らの教育用地理教材に見られるこの海域の名称表記の方式は、当時の韓国の学校教育と社会に至大な影響を及ぼしたに違いない。

第5章　近代の地理教育における日本海と東海　251

1世紀が過ぎた現在でも、東海・日本海表記に対する玄采一家の問題解決方策の模索は、その意義が認められる。玄采と玄公廉父子のこの海域の名称表記に対する認識には違いがあるが、共通する特性は、韓国人の情緒に照らして日本海単独表記は望ましくないというものである。

民間の地理教科書に見られる朝鮮海、大韓海、併記地名

近代韓国の地理教育において韓国と日本列島の間の海をどのように呼称するかについての本格的な代案の模索は、第二次日韓協約以降に玄采から始まった。先に述べたように、統監府の学部への関与によって1907年2月に編纂された『普通学校学徒用国語読本』の地理教材に日本海が公式表記されると、玄采は同年5月に完成させた『幼年必読』でこの海域の名称として朝鮮海や東海を使用し、収録地図では日本海を単独で表記しなかった。こうしたこの海の名称表記は、民間の地理教科書執筆者たちにも影響を与えたはずである。すなわち、地理教科書執筆者たちは日本海の代案として朝鮮海、大韓海、併記地名を好んで使用することもあった。近代韓国の地理教科書に表記されたこれらの名称を調べてみると、次の通りである。

まず、朝鮮海の表記は、1902年に朱栄煥と盧載淵が日本の文献を翻訳して玄采が校閲した『中等万国地誌巻1』に初めて登場する。この本では、アジア州日本帝国の位置に関する説明で「日本はアジア州東端に位置し

5-41 『中等万国地誌』(1902)の
日本海と朝鮮海

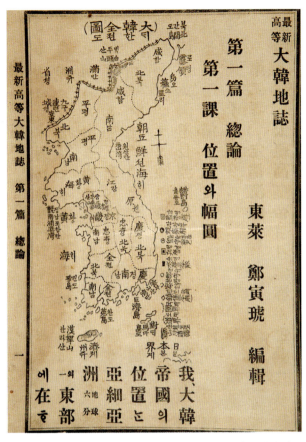

5-42 『最新高等大韓地誌』大韓全図（1909）の朝鮮海

……西北は日本海に面し……西は朝鮮海に臨んで朝鮮と向かい合い……」と記述されており、日本海と朝鮮海を共に使用した。その他に、この本の本文にはこの海域の名称として日本海が計16回表記されている。

　1909年の鄭寅琥の『最新初等大韓地誌』と『最新高等大韓地誌』では、日本海、東海、朝鮮海の表記が混用されている。鄭寅琥は、これらの教科書の最初のページに収録した大韓全図において、この海域の名称を、元山湾付近にハングルと漢字で「朝鮮海」と表記した。そして、本文の位置と境界に関する説明で、「東南は日本の対馬島と向かい合い……」と記述し、日本海を使用しなかった。

第5章　近代の地理教育における日本海と東海　253

一方、地理教科書における大韓海の地名は、第二次日韓協約以降の1907年6月、張志淵の『大韓新地誌』に初めて登場する。この本の本文の前に添付された大韓全図の東側の海に大韓海が表記されている。しかし、教科書の本文ではこの海域の名称に一貫性がなく、様々なものが見られる。例えば、位置の部分で「我が国の位置はアジア州の東部にあり、中国大陸と東北部から渤海と黄海と日本海の間に突出し……」と記述されており、日本海を広域の海の名称として使用した。しかし、海岸線の部分では「咸鏡、江原及び慶尚道の一部は日本海に面し……東海岸は……海水が清燈であるため古来より滄海や碧海と称され……」とあり、また、潮流に関する説明では「東海は西比利亜と日本海に接し」と記述するなど、海の名称の統一がなされていない。著者は、この海域の巨視的、微視的名称として日本海、東海、滄海、碧海、東北海、大海、海などを混用しているが、日本海以外にも他の種類の地名をより多く使用した。第二次日韓協約以降、張志淵は、日本海以外に伝統地名として東海や滄海などの別の海の名称を使おうと苦心した跡がみられる。

　1908年8月に趙鍾萬がハングルで著述した『初等大韓地誌』では、日本海という地名が一切使用されていない。教科書本文の前に添付された大韓全図には、日本海に対する自主的な立場からこの海域の名称を大韓海と表記した。そして、本文の位置と境界の部分で「大韓帝国の位置はアジア州の東部にあり、その東南は日本と隣り合い……」と記述し、日本という国号を使用して海の名称を日本海と表記しないようにした苦心が窺える。その上、東北の海は滄海、東と東南の海及び咸鏡と江原と慶尚北道の東側の海を指すときは普通名詞の海又は大海と表記した。趙鍾萬は、1904年に組織された愛国啓蒙団体の国民教育会で活動したことがある。しかし、彼は『初等大韓地誌』を著述するにあたり、1907年7月に刊行された国民教育会の『大韓地理教科書』に表記された日本海という地名を一切受け入れなかった。

　その他に日本海を全く使用していない地理教科書としては、安鍾和（1907）の『初等大韓地誌』、安鍾和・柳瑾（1907）の『初等大韓地誌』、大同書館（1908）の『大韓地誌教科書』、博文書館（1908）の『問答大韓新地誌』、安鍾和（1909）

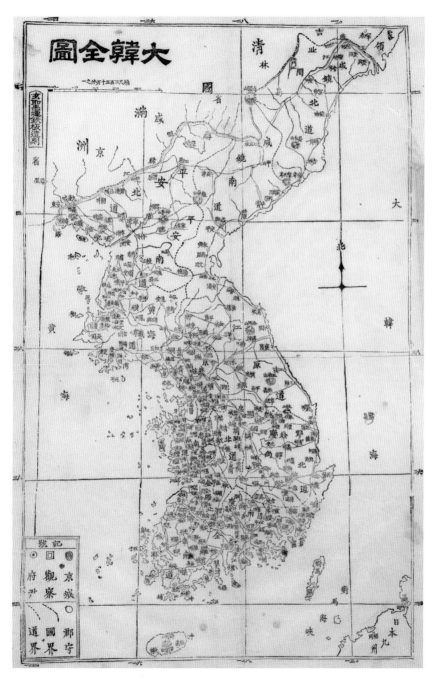

5－43 『大韓新地誌』大韓全図（1907）の大韓海

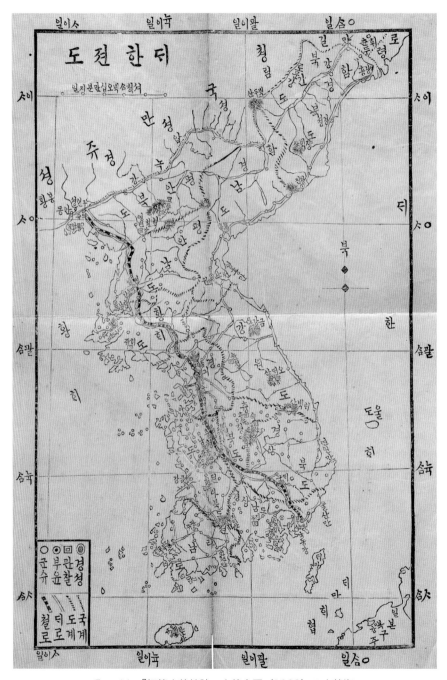

5－44 『初等大韓地誌』大韓全図（1908）の大韓海

の『初等万国地理大要』などがある。特に、安鍾和は1907年に刊行した二冊
の地理教科書で、この海域の名称として日本海を一切使用せず、東海と滄海、
そして単に海と表記した。例えば、地理教科書の位置と境界の部分で「東南は
日本に隣接し……」と記述し、広域の海の名称として使用されていた日本海を
あえて表記しないという意図が窺える。本文では、東北や東方の一部、東と南
の海を指す場合に滄海又は海と表記した。そして、1909年の『初等万国地理大
要』でも、同じように日本の部分で「日本国は我が韓国の東海の中に位置し
……」と記述し、日本海という名称の使用を避けた。しかし、1910年の『初等
大韓地誌』では、沿革の部分で「三韓は……東は日本海に面し……」と記述し
ており、日韓併合を前に統監府の教科書検定が厳しくなる過程において日本海
という地名が教科書に浸透したものとみられる。

　第二次日韓協約以降に民間で著述された地理教科書の本文には、この海域の
名称表記として両地名を共に記載した併記も確認される。国土地理では地文地
理の海岸線の部分、東海岸に位置する江原道地方と咸鏡道地方の説明、そして
万国地理では日本の境界と位置を説明する部分に海の名称の表記が登場する。
本文の叙述では、二つの海の名称を併記するに当たり、「またの名を」、「及び」、
「（）」、「すなわち」、「読点」などを使用した。実際に、個別の地理教科書に見
られるこの海域の併記の種類は、朝鮮海・東海、日本海・東海、大海（東海・
滄海）、東朝鮮湾（東海・滄海）、東海・滄海など多様である（表14）。

表14 地理教科書の海の名称の併記

出版年度	地理教科書（著者）	海の名称の併記の種類
1907	新編大韓地理(金建中)	**朝鮮海またの名を東海**（アルオガク、蒙白岬、石門岬、竹辺岬、東外岬）
1907	万国地理（黄潤徳）	日本は四面が環海で……オホーツク海と**日本海及び東海**の水を囲み……
1908	問答大韓新地誌（博文書館）	江原道の境域は、東は茫漠たる**大海（東海すなわち滄海）**に臨み……、咸鏡南道の境域は、東は**東朝鮮湾（東海すなわち滄海）**に臨み……、咸鏡北道の境域は、東南は**東海（すなわち滄海）**で……
1908	中等外国地理(兪鈺兼)	東は太平洋に面し、西は**日本海、東海**に臨み……

その上、これらの地理教科書と表記方式は少し異なるが、先に述べたように玄采が著述した小学校児童向け国語読本の『幼年必読』(1907) と『新纂初等小学』(1909) における東朝鮮海と日本海、大韓海と日本海という表記、そして彼の子・玄公廉が完成させた『新訂分道大韓帝国地図』(1908) と「大韓帝国地図」(1908) の大韓海と日本海という表記などを考慮すると、実に多様であったことがわかる。

日本海を卑下するウサギの形の地図表現

　地理教科書執筆者らにより日本海について様々な方策が提示される中、他の方面の知識人は、韓国とその東側の海の形状をそれぞれ虎とウサギとして表現した地図を描いた。こうした地図の登場は、日本人地理学者の小藤文次郎 (1856―1935) が韓国の形状をひ弱なウサギとして卑下したことがきっかけであった。彼は東京帝国大学地質学科の教授として、1900年から1902年までの14ヵ月間、2度にわたって韓国の実地調査を行い、1903年に朝鮮山岳論を発表して韓国の形がウサギのようだと主張した。

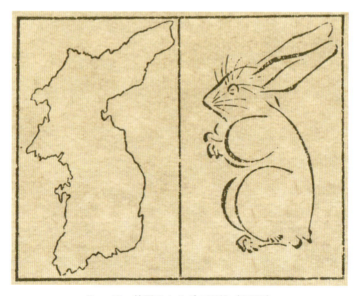

5－45　韓国のウサギの形状 (1908)

5－46　韓国の虎の形状（1908）

　これに対して韓国の崔南善は、1908年11月の『少年』という雑誌に載せた「大韓の外囲形体」という記事で、朝鮮半島は猛虎が前足を上げてユーラシア大陸に向かって襲い掛かる生き生きとした形をしており、それは進取的かつ膨張的で、朝鮮半島の無限なる発展と旺盛な元気を象徴するものであると反論し、韓国をひ弱なウサギではなく強靭な虎の形で表現した。しかし、1910年の日韓併合以降、小藤文次郎のウサギ形状論は日本の地理教科書と植民地朝鮮の地理教科書において描かれた。地理教育において、韓国はウサギのようにひ弱な存在であるため、強国日本の保護と統治を受けなければならないという論理で用いられたのである。

5－47　日本海のウサギの形（1908）

　一方、この記事では無名の作家が描いた地図において韓国と日本の間の海の名称が日本海と明記されており、海の形がウサギで表現されている。作家は日本海の形について、韓国と日本の間に胴体を置き、頭はロシアの沿海州とサハリン島の間に位置し、その上はだんだん細くなってオホーツク海に通じている。そして、下は横に広がっていて韓国の東南端と日本の西南端の間から抜け、黄海へとつながると記している。さらに作者は、当時韓国社会において伝統地名の東海と外来地名の日本海の表記の対立を見つめながら、この問題を風刺するために地図という視覚に訴えてこの海の形を力のないウサギに卑下したのである。

野生の世界において身体が小さいウサギはひ弱で恐がりで、常に生存が危ぶまれる動物である。ウサギの形の日本海の地図は、曲がった腰と太いしわから感じられるように、老いぼれた姿で息が尽きたようにも見える。さらに、ピンと立てた耳から緊張した様子がはっきりと読み取れ、日本本土のほうにすぐにでも倒れそうなイメージである。当時の韓国の知識人がこの海を力のないウサギに喩えたのは、韓国に導入された外来地名の日本海が長くは続かないだろうという意図を込めたものである。1905年の第二次日韓協約により大韓帝国が次第に滅びつつあった暗い時期に、地図において韓国を大陸へと前進する虎に喩え、韓国と日本の間の海を年老いたウサギで表現したのは、当時の韓国人にとって希望のメッセージとなったことだろう。このように、現在の韓国の人々の日本海という地名に対する反感とその解決策に対する考え方は、1世紀前の地理教科書執筆者、地図製作者、思想家らと非常に似ていることが分かる。

植民地朝鮮における朝鮮総督府の日本海標準化とアイデンティティーの強要

第二次日韓協約以降、韓国の地理教科書において日本海という地名の代案として本格的に登場した朝鮮海と大韓海、そして併記地名は、1910年の日韓併合をきっかけに地理教科書だけでなく歴史や国語などの教科書からも皆姿を消した。それは、当時の植民地統治機関であった朝鮮総督府が、教科書検定制度を通じてこの海域の名称を日本海に統一したからである。こうして、植民地朝鮮の児童と生徒そして一般の人々は、1945年8月まで東海の代わりに心にもない日本海という地名を公に、強制的に使わざるを得なかった。朝鮮総督府編纂教科書に見られる事例をみてみると、次の通りである。

まず、日韓併合後に朝鮮総督府は、日本の統治に適した人物を育成するために、植民地朝鮮の学校教育を改革した。注目すべきは、韓国人の民族と歴史、国土などの国民意識を弱めようとの意図から教育課程を改訂すると同時に教科書を編纂した点である。例えば、1911年に公布された第一次朝鮮教育令期の普

通学校教育課程では、従来の日本語が国語に改称され、毎週教授時数も増加した。一方、日韓併合以前の普通学校における国語科目は、朝鮮語及び漢文に代わった。そして、普通学校の地理歴史科目は廃止され、国語読本教科書で歴史と地理一般を授業し、朝鮮語及び漢文読本の教科書で朝鮮地理の概要を教えるようにした。

改訂された普通学校教育課程に基づいて編纂された朝鮮総督府の『普通学校国語読本』と『普通学校朝鮮語及び漢文読本』の教科書では、この海域の名称が全て日本海に統一された。朝鮮総督府は、『普通学校国語読本 巻1～巻8』を1912年から1915年にかけて編纂した。修業年限の4年間で、学期当たり1巻の国語読本教科書を学ぶように、計8巻が刊行されたのである。朝鮮総督府が編纂した『普通学校国語読本』の地理教材には、この海域の名称として日本海が2年生2学期の巻4の第16課「朝鮮」、3年生1学期の巻5の第3課「朝鮮の地勢」、3年生2学期の巻6の第5課「朝鮮地理問答」、4年生2学期の巻8の第16課「日本海の海戦」に登場する。

1913年に編纂された2年生2学期の『普通学校国語読本 巻4』の第16課「朝鮮」には、本文と収録地図に日本海が明記されている。本文には、「これは朝鮮の地図です。朝鮮は半島で、東西が短く、南北が長いです。そのため、本州と比べると、少し小さいです。東には日本海があり、西には黄海があり、南には朝鮮海峡があり、北のみが陸地に繋がっています」と記述されている。

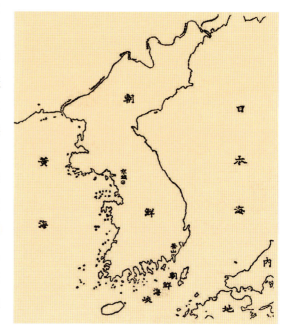

5－48 『普通学校国語読本 巻4』
朝鮮地図（1913）の日本海

262

5-49 『普通学校国語読本 巻6』朝鮮の
行政及び鉄道線路図（1914）の日本海

収録されている朝鮮地図では日本を内地と表記し、朝鮮周辺には海の名称として日本海、黄海、朝鮮海峡が表記されている。日韓併合以降、朝鮮総督府は、植民地朝鮮の児童たちに様々な類型の地図を通じて朝鮮の形状と海の名称として日本海を自然に受け入れるようにしたのである。

第5章　近代の地理教育における日本海と東海　263

5－50 『普通学校国語読本 巻8』日露戦争の海戦図（1915）の日本海

　1915年に編纂された4年生2学期の『普通学校国語読本 巻8』の第16課「日本海の海戦」にも、本文と収録地図に日本海の地名が登場する。教科書にはこの海域における日露戦争の様子が臨場感を持って描かれており、挿入された地図にはこの海域が日本海と表記されている。

　そして、本文では1905年の日露戦争の勝利に関連する内容として、ロシアが連敗の勢力を回復するために海軍の大艦隊組織と朝鮮海峡に登場する様子や、東郷司令長官の全軍に対する出動命令と「皇国の興廃はこの一戦にあり」と奮励する様子、波浪の山のような状況での砲撃による敵艦の火災と退却、翌日の鬱陵島付近で続く攻撃と撃沈、沈没と降伏、捕獲、死亡及び捕虜1万600人余りのことなど、当時の戦時の勝利の状況を写実的に記述している。さらに、本文の演習問題では、27日の海戦の様子を話し、28日の海戦の様子を口語文にし、日露戦争の海戦で敵艦が受けた損害について話し合うようにさせている。こうした内容を通じて、植民地朝鮮の児童たちは、この海の名称を東海ではなく日本海と理解すると同時に、日本海軍の日露戦争の勝利に感動し、同化していたのである。

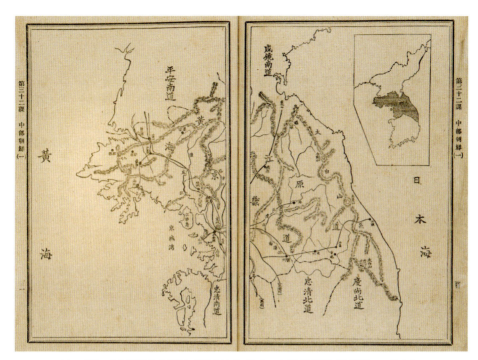

5－51 『普通学校朝鮮及び漢文読本 巻3』中部朝鮮図（1917）の日本海

　日本海という地名に関する同化教育は、1917年に朝鮮総督府が編纂した3年生児童向けの『普通学校朝鮮語及び漢文読本 巻3』の朝鮮地理教材の第24課「北部朝鮮」、第32課「中部朝鮮」、第44課「南部朝鮮」にもみられる。各課には地方別の位置に関する記述と共に地図が収録され、行政区域、山脈、川、集落、交通、そして海の名称として日本海と黄海が明確に表記された。本文の地方別の位置と関連して「北部朝鮮は、北は満州とロシア領沿海州、東は日本海、西は黄海……」、「中部朝鮮は……東は日本海に接し、西は黄海に臨んでいる」と記述し、普通学校の児童たちにこの海域の名称として東海の代わりに日本海を明確に認識させようとした。

　1919年の3.1独立運動以降は、日本の植民地朝鮮に対する政策が、従来の武断統治から文化統治へと転換された。このような懐柔策は、教育部門でも行われた。すなわち、1920年の改訂普通学校教育課程において修業年限が従来の4年から6年に延長され、日韓併合後に普通学校において廃止されていた地理と

日本歴史の科目を5年生と6年生に開設し、児童に教えるようにした。植民地朝鮮の普通学校における日本及び世界の地理教科書は、当時日本本土の小学校で使用していた文部省編纂『尋常小学地理書 巻1、巻2』を取り入れて各学校で使用した。そして、朝鮮総督府は1923年に別途に『普通学校地理補充教材』を編纂し、朝鮮地方の代用教材として使用させた。この時期から普通学校において地理教育が本格的に実施されたが、地理教科書にこの海域の名称は変わらず日本海と表記された。

　一方、朝鮮総督府は帝国主義の勝利の象徴として「日本海海戦」という歌を音楽の教科書に載せ、植民地朝鮮の児童たちに教えた。この歌は日露戦争の勝利を記念するために作詞、作曲したもので、日本では1913年に尋常小学校6年生『尋常小学唱歌』に初めて収録された。植民地朝鮮でも、1935年に京城師範学校音楽教育研究会が編纂した『初等唱歌第六学年』に「日本海海戦」が載った。

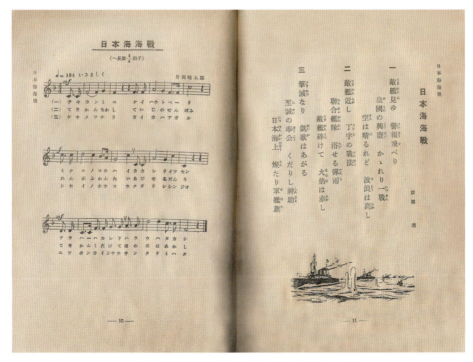

5－52　『初等唱歌第六学年』（1935）の日本海海戦

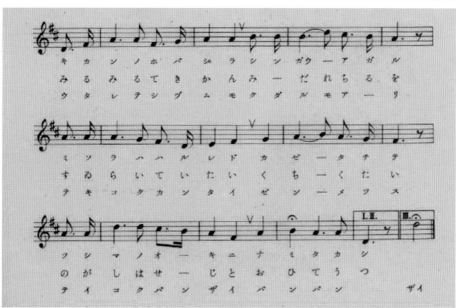

5－53 『初等唱歌第六学年用』(1941) の日本海海戦

第5章　近代の地理教育における日本海と東海

日本海海戦（1941）

1　敵艦見えたり、近づきたり、皇国の興廃、ただ此の一挙、
　　各員奮励努力せよ。と、旗艦のほばしら信号揚る。
　　みそらは晴るれど風立ちて、対馬の沖に浪高し。

2　主力艦隊、前を抑へ、巡洋艦隊、後に迫り、
　　袋の鼠と囲み撃てば、見る見る敵艦乱れ散るを、
　　水雷艇隊・駆逐隊、逃しはせじと追ひて撃つ。

3　東天赤らみ、夜霧はれて、旭日かがやく日本海上。
　　今はや遁るるすべもなくて、撃たれて沈むも、降るもあり、
　　敵国艦隊全滅す。帝国万歳、万万歳。

　その後、太平洋戦争期に朝鮮総督府は、国民学校児童向けに1941年『初等唱歌第六学年用』と1944年『初等音楽第六学年』に日露戦争の海戦を続けて収録した。ただし歌詞の内容はほとんど変わらないが、同名の複数の曲がある。
　国民学校音楽教科書における日本海海戦の歌詞は、1915年の『普通学校国語読本』のようにそれ以前に載った日露戦争の海戦の内容と似ている。すなわち、日露戦争を皇国の興亡を懸けたものとみて、荒波の中の敵艦に対する攻撃、沈没、降伏、全滅、帝国万歳などを歌詞として扱っている。また、この歌には勝利の海としての日本海という地名が出てくる。
　朝鮮総督府は教育を通じて植民地朝鮮の児童たちにこの海で繰り広げられた日本海海戦の歌を力強く楽しく歌うようにさせ、「大日本帝国」に忠君愛国する粉骨砕身の態度を形成し、ひいては太平洋戦争の勝利に向けた実践を誓わせたのである。このように、植民地朝鮮の児童たちは、日韓併合以降35年間、一貫して朝鮮総督府によって「日本人」として「日本海」という地名のアイデンティティーを強制され、それに同化したのである。

戦後における韓国独立の象徴としての東海

　日本が統治した 35 年間、植民地朝鮮の学校教育から姿を消した東海という地名は、1945 年の韓国の独立と共によみがえった。しかし、1946 年の朝鮮通信社の『朝鮮年鑑』には、以前から慣行的に使用されてきた日本海がそのまま記載されている。こうした状況で、1946 年 6 月 15 日付の東亜日報には「東海か？日本海か？ 見解が異なるのか半年たっても作れない地歴教科書」という見出しの記事が載った。独立してから時が経ったのに、なかなか地理教科書が出てこないことについて、東海と日本海の表記問題を挙げて自主的な精神から朝鮮地理を確立すべきとの内容である。

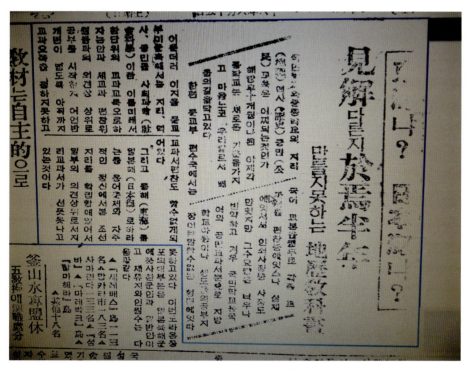

5－54　東亜日報（1946 年 6 月 15 日付）の東海と日本海

1945年8月15日以降、日本人が韓国から引き揚げると、韓国人が作った小中等学校用地理教科書と地理付図、そして韓国全図では、この海域の名称として日本海が姿を消し、東海が表記された。一部の著者は彼らの地理教科書に一時期「東朝鮮海」と表記したことがあったが、1949年以降は東海という地名に標準化されて現在に至る。独立直後、韓国人が刊行した小中等学校の国土地理教科書に記載されたこの海域の名称は、表15の通りである。

1946年には、独立後に韓国人が作った最初の地理教科書が出版された。アメリカ軍政庁は、5、6年生用国土地理教科書として『初等地理教本』の原稿を

表15　解放後の国土地理教科書における東海の地名

年度	著者	教科書	海域の地名
1946	全羅北道学務課	初等地理教本	東海
1946	京畿道学務課	初等地理教本	東海
1946	在日本朝鮮人連合中央総本部	初等朝鮮地理	東海
1946	鄭洪憲・李箕燮・李富星	中等朝鮮地理	東朝鮮海、東海
1947	同志社	我が国の生活	東海
1947	陸芝修	我が国	東朝鮮海
1947	朝鮮地図研究院	初等地理四学年用	東海
1947	地学社	中等国土地理付図	東朝鮮海
1948	文教部	我が国の生活（1）	東海
1949	崔福鉉・李智晧・金相昊	我が国 地理	東海
1949	鄭甲	我が国 生活	東海
1949	盧道陽	我が国 地理部分	東海
1949	鄭洪憲・李箕燮・李富星	我が国	東海
1949	陸芝修・李鳳秀	我が国の生活 付図	東海
1949	宋基柱	我が国地図	東海
1950	陸芝修	我が国の生活（地理）	東海、東朝鮮海

一 우리나라의 지도

우리나라는 아세아주 동북쪽에 있어, 서에는 황해(黃海)를 거처서 중화민국(中華民國)이 있고 동에는 동해(東海)를 건너서 일본열도(日本列島)가 있는사이에 태평양(太平洋)은 ...역 크게 동남으로 밀어나온 반도국이다. 다시 말하면 서북에 아세아 대륙을 등지고, 동남에 태평양(太平洋)을 건너 아메리카를 바라보는 나라이다

남북의 길이는 약 천 키로메트르이고, 동서의 넓이는 곳에 따라서 다르나 대개, 남북의 길이의 약 삼분지일 가량이다. 면적은 약 이십 이만 평방키로메트르로서 영국(英國)의 본토와 비슷하다. 위도는 북위 삼십 삼도에서 사십 삼도 사이에 있으므로, 세계에서 문명한 나라들이 많이모여 있는 온대 지방에 있어 예로부터 문화가 발달되어왔다.

5 - 55 『初等地理教本』（1946，全羅北道学務課）の東海

1946 年 2 月頃に完成させ、各道の学務課に送り、教科書として出版して各学校で臨時教材として使用するようにした。この原稿に基づき、全羅北道学務課は1946 年 5 月、京畿道学務課は 1946 年 10 月にそれぞれ『初等地理教本』を刊行し、その内容は同じである。これらの国土地理教科書では、この海域の名称に関連して最初のページに「我が国は亜細亜州東北にあり、西には黄海を経て中華民国があり、東には東海を渡って日本列島がある……半島国である」と記述し、韓国と日本列島の間の海の名称として日本海ではなく東海と明確に表記した。

　韓国が日本から独立すると、海外から強制徴用者、労働者、独立運動家など多くの人々が祖国に帰国した。しかし、日本に居住する在日同胞も多数いた。

第 5 章　近代の地理教育における日本海と東海　　271

彼らの子女のために在日本朝鮮人連合中央総本部は、1946年9月に日本語ではなく国漢文混用の『初等朝鮮地理』という教科書を独自に開発して刊行した。この本では海域の名称として日本海を一切使用せず、東海と表記した。その一部を紹介すると、韓国の位置の部分で「東側は東海を渡って日本の本州と向かい合い、西側は黄海を渡って中華民国に向かい合い、南側は朝鮮海峡を渡って日本の九州と向かい合っている」と記述し、日本海の代わりに東海という地名を使用した。また、地理教科書に収録された地勢図などでも、韓国と日本列島の間の海の名称を東海と明記した。

5−56 『初等朝鮮地理』地勢図（1946）の東海

一方、同年8月に景福中学校と中央中学校教師の鄭洪憲・李箕燮・李富星が完成させた『中等朝鮮地理』では、大部分東朝鮮海が使用されたが、一部に東海という表記も見られる。すなわち、本文で韓国の位置の部分を「我が国は亜細亜（Asia）大陸から東朝鮮海と黄海の間に突出した一大半島であり……極東の中心地帯を占領している」と記述した。そして、地域区分図、地勢図、嶺南地方図、関北地方図などの地図には全て東朝鮮海と表記した。しかし、東海は本文の嶺南地方の位置に関する説明で「この地方は我が疆土の東南部を占める慶尚南北道で、西側と北側は小白山脈を境界に湖南地方と関東地方に接しており、東南両面は東海と南海に臨んでいる」との記述に1回登場する。

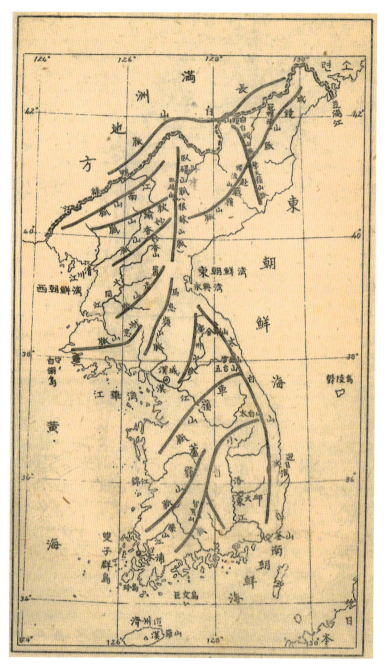

5－57 『中等朝鮮地理』地勢図（1946）の東朝鮮海

5-58 『我が国』北部朝鮮（1947）の東朝鮮海

1947年に陸芝修は、国土地理教科書『我が国』で、国号を我が国又は半島国朝鮮と呼称しながら、本文の内容の記述とここに収録された我が国の水系、地域区分、中部朝鮮、南部朝鮮、北部朝鮮などの地図に、この海域を東朝鮮海と表記した。彼は位置に関する説明で「西側は黄海で、東側は東朝鮮海（日本海）であり、南側は朝鮮海峡に面している……東朝鮮海では、元山、城津、清津、羅津などから沿海州と日本との交通も便利である」と記述し、東朝鮮海を使用しながら括弧に日本海と漢字で表記した。また、この内容に関連して教科書の下の注釈には、次のように説明した。

　日本において日本海と書いていたものを、ここでは東朝鮮海と称した。これを東海又は滄海ともいうが、私としては東朝鮮海というのがよいという結論を得て、また大韓帝国末期に発行された地図でも東朝鮮海と称している故に、それを使うことにしたのである。また、日本海という名は日本人が付けたものではなく、露西亜の有名な航海者クルーゼンシュテルンが1815年に命名したものである。

　著者の陸芝修は東京帝国大学経済学科出身で、1958年にソウル大学地理学科を創設し、主に経済地理学研究に注力した学者である。彼は地理教科書『我が国』で、この海域の名称として東朝鮮海を使用したのは個人的な見解であることを明らかにしている。この教科書に表記された東朝鮮海は、現在北朝鮮で呼

称されている朝鮮東海、そして中国の東中国海と同じ考え方である。つまり、東側の海という方位の概念と、朝鮮という国号が結びついた海の名称で、ここには領海意識が反映されている。

しかし、文教部が執筆し1948年に出版された国民学校4年生の社会科地理領域の教科書『我が国の生活（1）』では、本文の内容記述と収録地図において、この海域の名称が全て東海と表記されている。例えば、我が国の位置と区分では「我が国はアジア州の東側に伸びた半島で、北側は中国の満州とソ連のシベリアに接し、東、南、西側は全て海で囲まれている。東側には東海があり、南側の海を越えると日本列島が並んでおり、西側は黄海を渡って中国と向かい合っている」と記述し、文教部は韓国と日本列島の間の海の名称を日本海ではなく東海と明確に記載した。さらに、教科書に収録された地図

5－59　『我が国の生活（1）』
我が国の地の姿（1948）の東海

「我が国の地の姿」でも、韓国の東側の海に東海（동해）と表記した。こうした名称表記は、当時の韓国政府の立場を公式に表現したものである。したがって、文教部の東海という表記は、その後小中等学校の社会及び地理教科書、社会付図、地理付図、そして各種の地図製作に影響を与えたであろう。

1949に刊行された鄭甲、崔福鉉・李智晧・金相昊、盧道陽などの中等学校地理教科書でも、本文の内容記述と地図において、この海域の名称が全て東海と表記されている。そして、1949年の鄭洪憲・李箕燮・李富星、1950年の陸芝

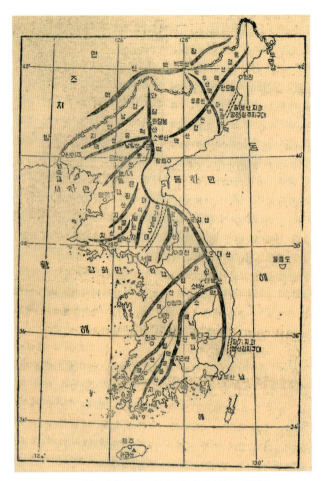

5 − 60 『我が国』地勢図（1949）の東海

修などの地理教科書でも、この海域の名称において、彼らが1946〜1947年の地理教科書で使用した東朝鮮海という表記はなくなり、東海に修正された。例えば、1949年の鄭洪憲・李箕燮・李富星の『我が国』は、1946年の『中等朝鮮地理』を改訂した地理教科書で、本文の位置の部分を「我が国はアジア（Asia）大陸の東南側で、東海と黄海の間に南側にすっと伸びた半島である」と記述し、従来の海の名称であった東朝鮮海を東海に修正した。そして、地理教科書に収録された地勢図、地理区、工業分布図、水産分布図、鉱業と林業などの地図でも東海という地名が定着した。

1949年に執筆され1950年に出版された陸芝修の『我が国の生活（地理）』でも、本文の位置に関する説明で「西側は黄海で、東側は東海であり、南側は大韓海峡に面している。……東海では、元山、城津、清津、羅津などから沿海州と日本との交通も便利である」と記述し、従来の東朝鮮海の代わりに東海に修正した。そして、地理教科書の地域区分図、地質図、我が国の水系、関北地方概観図、嶺東地方概観図などの地図でも東海（동해）という地名が定着した。教科書の全ての本文と地図に東海と表記されたが、唯一残念なのは、

5－61　『我が国の生活（地理）』
関北地方概観図（1950）の東海

嶺南地方概観図には東朝鮮海が表記されていることである。これは、地理教科書を出版する過程における執筆者と検定者の不注意であったと思われる。

　このように、1948年以降に出版された全ての地理教科書において韓国と日本列島の間の海の名称が東海と表記されたのは、文教部の公式表記及び教科書検定と密接な関連がある。文教部が国民学校4年生向けの『我が国の生活（1）』に東海を表記したのは1948年9月で、中等学校地理教科書に文教部検定済と明記されたものは1949年から確認できる。この時期から文教部がまず東海を表記し、さらに文教部の検定制度によって海の名称が東海に標準化されたものとみえる。文教部は比較的粗雑な教科書に対して検定又は修正命令を下し、教科書の質の向上を図ったのである（芮庚熙，1974）。

　さらに、1948年には南韓で大韓民国政府が樹立され、北朝鮮には朝鮮民主主義人民共和国ができた。こうした状況で、北朝鮮の国号である朝鮮が入った海

第5章　近代の地理教育における日本海と東海　277

の名称である東朝鮮海は、それ以上支持の確保が難しかったはずである。同年に韓国の朝鮮地理学会という名称が大韓地理学会に変わったのも同じ流れである。

　この時期の教科書における東海の表記をまとめると、独立後の韓国の小中等学校の社会科地理教育におけるこの海域の名称は、初等段階では東海、そして中等段階では東海と東朝鮮海と教育する混乱の時期を経て、1948年の大韓民国政府の樹立と共に東海という地名が定着したものとみるのが無難である。

　一時期、東海という地名は近代日本の帝国主義、植民地主義の過程で受難に遭い、犠牲となったが、独立後によみがえって韓国の独立と愛国心の象徴となり、今日に至る。1945年8月15日の日本帝国主義の無条件降伏と共に、翌日8月16日には午後5時から中央放送局で「東海の水と白頭山」で始まる愛国歌が流された（申東立, 2015）。この瞬間がどれほど感動的であったかは、韓国人なら誰でも想像できる。韓国から日本海が消え、東海という地名が自然によみがえったのである。1948年8月15日には、大韓民国政府の樹立と共に東海という地名が入った愛国歌が制定された。

　そして1949年10月1日には、国慶日に関する法律に基づき、光復節が国慶日に指定された。韓国の人々は、毎年8月15日になると、鄭寅普が作詞した光復節歌を歌ったり聴いたりする。光復節歌の歌詞の第1番の最初の部分に「土をまた触ってみよう 海の水も踊る」という節がある。海の水も踊るというのは、祖国の光復と同時に失われていた東海の地名を取り戻したという喜びが象徴的に盛り込まれているのである。東海は、韓民族が2000年以上使用してきた名称で、韓国人の情緒が宿っている文化遺産である。したがって、東海という地名は決して西洋人が作った外来地名の朝鮮海や大韓海、又は日本海には代えられない。

終章

終わりなき地名の物語

　東海と日本海を巡る地名論争が発生して以来、この問題を解決すべく様々な方策が提示された。一部の韓国の人々は、東海を批判しながら韓国海の表記を主張している。また、韓国と日本の学者及び政治家は、青海、緑海、韓国海、韓国東海、平和の海など、第三の名称を提案したりしている。しかし、日本の日本海単独表記、そして韓国の東海・日本海の併記という政策は、簡単には変わらないであろう。日韓間における東海・日本海の表記問題は、各地名についての歴史を正しく理解し、持続的な学術及び民間交流を通じて解決するのも一つの方法である。

1　韓国人が好む韓国海

　韓国内において東海の名称問題がマスコミで取り上げられる度に、一部の政治家、学者、古地図収集家らは、この海域の国際的な名称として、東海よりも韓国海のほうが説得力があると主張する。彼らは、東海という地名が方位の概念である点、かつての外国の古文書や古地図に韓国海が表記された点、そして近代韓国において朝鮮海や大韓海などの地名が使用された点を挙げている。これまでマスコミで報道された内容を中心に、韓国海と東海の表記を巡る立場をまとめると、次の通りである。

　第一に、東海は方位地名であるため適切でないとの主張である。東海は私たちには慣れ親しんだ名称であるが、中国やベトナムでも黄海と南シナ海をそれぞれ東海と呼称しているため、国際的な支持の獲得に不利だというのである。どの国であれ、その国の東側の海を「東海」と呼称しているのは事実である。だからといって、東海が国際的な名称として成立し得ないわけではない。例えば、北海（North Sea）もイギリス、ノルウェー、デンマーク、ドイツ、オランダ、ベルギー、フランスの7ヵ国と面しているが、その名称は歴史的に様々に記録されている。しかし、北海は最終的に関連国間の協議を通じて、特定の国の名称を使用せず、ヨーロッパの北側にあるという意味で標準化された。現在、東海を国際的な名称として使用している所はなく、日本以外に東海表記に反対する国がないため、東海を国際社会で使用しても地名の重複は発生しないのである。

　第二に、かつての西洋や日本の古文書と古地図に韓国海（Sea of Korea）と朝鮮海が表記されているため、東海の代わりに韓国海の表記が妥当であるとの主張である。これは、古地図の収集家らが好む海の名称である。代表的な例として、鬱陵島にある独島博物館の初代館長は、朝鮮海が表記された日本の古文

書と古地図資料を多数収集している。彼は、これらの資料に基づいてこの海域の名称として朝鮮海を主張しており、こうした考えは独島博物館の前に立つ記念碑によく現れている。韓国人の中に朝鮮海を韓国固有の名称、民族海名とする見解があるが、これは正しくない。韓国固有の名称、韓民族が長い間呼んできた海の名称は、外来地名の朝鮮海ではなく伝統地名の東海だからである。

f－1　鬱陵郡独島博物館の記念碑の朝鮮海（2015）

　先に述べたように、18世紀の西洋の古地図にはこの海域に様々な類型の名称が表記されている。その中では韓国海が最も多く、1760年にイギリスで刊行された『世界地名事典』にも韓国海と明記されている。また、19世紀の日本でもこれら西洋の古文書と古地図を翻訳して、古地図や水路誌、地理書などに朝鮮海が表記されたことがある。一時期西欧と日本で製作された古地図や古文書に韓国海と朝鮮海が記載されたことがあるからといって、それにそのまま従うべき必要はない。特に、地名関連の国際機関は地図上の海の名称表記において、外来地名よりは地域住民が長い間呼称してきた土俗地名を優先する原則を推奨しているためである。

　第三に、1910年の日韓併合以前に刊行された韓国の地理教科書や地図などに朝鮮海と大韓海を使用したことがあるため、韓国海を使用することが望ましいとの主張である。第5章で考察したように、大韓帝国時期の一部の文献と地図に朝鮮海と大韓海が表記されて使用されたのは事実である。しかし、正確にいえば、当時は過渡期であって東海以外に日本海、朝鮮海、大韓海などの名称が混用された。1895年に学部が編纂した『朝鮮地誌』や『小学万国地誌』などの地理教科書及び地理付図では日本人の関与によって日本海がこの海域の地名と

して採用され、全国の児童・生徒に教えられた。1905年の第二次日韓協約以降、日本海という地名に対する反抗の意味で自主的立場から一時使用された朝鮮海と大韓海は、西欧と日本から輸入された外来地名に過ぎない。

　このように、一部の韓国民の韓国海表記に関する主張には、政府の立場とは違いがある。こうした主張は、政府の東海表記政策を混線させてしまうこともある。日本と世界を相手に東海表記の正当性を説得する上で、分裂した姿を示すことになるのである。したがって、東海と韓国海の地名を主張するにあたっては、両地名に関する歴史的事実を正しく理解することが重要である。東海表記問題が取りざたされる度に、古地図収集家は韓国海や朝鮮海が表記された西洋及び日本の古地図を示しながら、韓国海表記を主張してきた。これらは韓国海を韓国の領海とみる立場であり、こうした傾向は今後も続くであろう。

2 第三の海の名称

　韓国と日本では、東海と日本海だけに固執せず、新しい第三の海の名称が提示されることもある。すなわち、一部の学者と政治家により、東海と日本海という名称から一歩退いて、青海、緑海、近海、極東海、東洋海、平和の海、共海、協海、滄海、韓国東海、東韓国海など、第三の海の名称が提案されたことがある。これらの中で、青海と平和の海が学界とマスコミから注目を集めた。

　まず、青海（Blue Sea）は、1989 年に新潟大学で開催された日本平和学会国際シンポジウムにおける、当時の慶北大学経済学科・金泳鎬教授の報告に起因する。彼は、日本海という名称の歴史的由来について、18 〜 19 世紀ヨーロッパの東北アジア地図に日本海又は朝鮮海と表記された点、しかし朝鮮と日本では長らく伝統地名が呼称されてきた点、19 世紀日本の公式な地図に朝鮮海と表記された点、その後は海を二つに分けて日本側は日本海・朝鮮側は朝鮮海と表記された点、そして韓国が日本の植民地に転落したことで全体の海が日本海に統一された点を挙げた（百瀬宏編 , 1996）。発表者は、当時の日本の環日本海圏、日本海地域協力構想と関連して初めて日本海という名称の妥当性の欠如を指摘し、名称の改称を主張して第三の名称として青海を提案した。彼は、この海域を韓国では東海と呼んでいるという事実と共に、日本との歴史的関係を考慮して平和と希望を象徴する色＝青に関連付けて「青海」と呼ぶことを提案したのである（青山宏夫 , 2007）。

　1990 年代に入り、この海域での周辺国間の地域協力が活発になるにつれ、海の名称表記問題も水面に浮上してきたのである。1992 年 8 月には、ニューヨークで開催された第 6 回国連地名標準化会議において、韓国と北朝鮮代表が慣行的に国際社会において通用されている日本海単独表記の不当性を指摘した。また、同年 11 月には大韓地理学会の主管で東海の地名に関する地理学セミナー

f-2 日韓首脳会談(2006)と平和の海

が開催された。このセミナーで、当時の忠北大学地理教育科・任徳淳教授も、東海と日本海に代わる第三の海の名称として青海を主張した。この名称は、日韓両国どちらにとっても国の象徴性や民族的感情が結びついていないため、双方が受け入れるのにこれといった問題がないとされた。また、この海の水が青く澄んでいるため、「青海」と呼ぶに十分であるとされた。黄海(Yellow Sea)、紅海(Red Sea)、黒海(Black Sea)など、このような命名法はすでに世界的に活用されており、関連沿岸諸国間において対立を起こさないものであると述べた(任徳淳, 1992)。

　一方、2006年11月18日にベトナム・ハノイで開かれたアジア太平洋経済協力会議(APEC)で別途に持たれた日韓首脳会談において、盧武鉉大統領は日本の安倍晋三総理大臣にこの海を平和の海と呼ぶのはどうかと提案した。これに対して安倍晋三総理大臣は、その場で受け入れられないと答えた。すると、盧武鉉大統領は公式な提案ではないと述べた。日韓間において解決されていない様々な懸案を大局的なレベルから解決していくための認識と発想の転換が必要だとみて、比喩的にこの海を平和の海と呼ぶのはどうかとの発言であった。盧武鉉大統領は解決されないままの東海・日本海表記問題について、個人的レベルでのアイディアを日本側に伝えたのである。韓国と日本が少しずつ譲歩し

て、この海を平和の海、和解の海に改称すれば、日韓関係が良くなるのではないかとの意図であった。

　しかし、日本は第三の海の名称に対して無反応で、その後、日本とは如何なる議論も行われなかった。そして、韓国の政界と市民団体は、このような非公式な名称の提案は国を代表する大統領として慎重にすべきであったと批判した。これは、韓国政府が1992年以来取り組んできた東海表記の方針と食い違うからである。日本ではなく、韓国が先にこのような提案をするのも望ましくないというのである。

　東海と日本海に代わる第三の海の名称として、日本の新潟大学の学者たちは様々な案を自由に出している。1999年、東海研究会主催で開かれた東海の地名と海の名称に関する国際学術セミナーにおいて、新潟大学人文学部の古厩忠夫教授は、この海を緑海（Green Sea）と呼ぼうと提案した。国際社会において通用されている日本海は、近代日本の帝国主義の侵略過程に起因するため変えたほうが良いとし、緑海にはこの海を周辺の住民たちの手で平和と環境の海にしていこうとの意味が込められているとした。同大学の櫛谷圭司教授は、日本で使用されている日本海を東北アジア地域の海（Northeast Asian Region Sea）の頭文字を取って近海（Near Sea）と呼ぶことを主張した。また、芳井研一（2002）教授は、共通の海、共生の海、協生の海を表現するものとして共海や協海と呼ぶのが良いとした。さらに、両国の古代史を調査してみると、滄海という呼称が使用された時期があるため、これも意味があると述べている。

　この他にも、韓国では第三の名称として韓国海と東海を応用した韓国東海又は東韓国海を主張する人々もいる。これは、現在の中国の東中国海や北朝鮮の朝鮮東海と同じように、国の名称と方位を組み合わせた地名である。第5章で述べたように、韓国では解放直後、一部の中等学校地理教科書において東朝鮮海がこの海域の名称として一時使用されてから消えたことがある。

　韓国と日本の間で1992年から東海と日本海を巡る地名論争が始まって以来、この問題を解決するために両国の学者と政治家は様々な第三の海の名称を打ち出した。初期には、自由な雰囲気で東海と日本海に代わる第三の海の名称に関

する議論が行われた。しかし、当分の間こうした議論はこれ以上期待できるものではなく、たとえ第三の新たな名称が出てきても、国民に受け入れられるのは容易ではないだろう。なぜなら、現在両国は、それぞれ東海、日本海の名称に対する立場が強硬だからである。しかし、問題は交流と対話によって解決すべきである。

3　東海・日本海の併記

　韓国と日本の間でこの海域の名称を巡って合意が導き出されない中、韓国政府は国際社会において東海・日本海の併記政策を持続的に展開してきた。世界各国の地図製作社、海外の地理教師、言論人などを招待して東海表記の歴史性と正当性をアピールし、関連資料を提供している。その結果、国際社会において 2000 年（日本調査）には 2.8% のみが東海・日本海を併記していたが、2005年（日本調査）には 10.8% が併記（商用地図の場合は 18.1%）し、2007 年（韓国調査）には 23.8%、2009 年（韓国調査）には 28.07% が東海・日本海と併記しているという結果が出た（外交部ホームページ、2016 年 8 月 10 日閲覧）。このように、国際社会において東海・日本海の併記が持続的に増加しているのは、この海に対する世界の人々の認識と理解が広がっていることを示すものである。最近の欧米社会における東海・日本海の併記の動向は次の通りである。

　アメリカでは、小中等学校の授業において東海と日本海を共に教えるようにした教師指針書が 2013 年 8 月 20 日に初めて承認された。メリーランド州アナランデル郡教育庁は、東海と日本海の併記に関する指針書を作成し、管轄する公立学校に伝達した。関係者は、東アジア地理を教えたりこの地域の地図を作成するときに、学生たちに東海と日本海を共に説明したり使用するよう通達した。

　また、アメリカ・バージニア州議会の上院と下院も、公立学校の教科書に東海と日本海の併記を義務付ける法案を初めて推進した。バージニア州では東海・日本海併記法が 2014 年 1 〜 2 月に州議会で成立し、3 月末に州知事が署名することで全ての手続きが終了し、7 月から発効した。法案には、バージニア州教育委員会が審議して承認した全ての教科書において、韓国と日本の間の海の名称を教える際に東海と日本海を共に扱わなければならないという内容が盛り込

終章　終わりなき地名の物語　287

f－3　バージニア州の東海・日本海併記法案の成立（2014）

まれている。

　法案を発議した議員らは、国際水路機関の日本海地名の採択と韓国の植民地の状況など、当時の歴史的背景を考慮すれば、地図上に東海・日本海を併記するのが当然であると支持した。これに対して在アメリカ日本大使館は、世界の海洋地名を選定する国際水路機関がすでに日本海を採用したこと、アメリカ政府の単一地名原則を挙げて強く反対したが、バージニア州の東海・日本海併記法は多数の賛成により成立した。

　アメリカ・バージニア州で初めて東海・日本海の併記が法律として制定されたことは、象徴的な意味が大きい。アメリカの首都圏に位置するバージニア州は、各国の公館が密集する地域で、世界の政治の中核である。アメリカの著名なワシントン・ポストがバージニア州の東海・日本海併記法案に関心を持ち、数回にわたって報道もされている。そのため、東海と日本海の表記問題が国内外に伝えられ、多くの人々から注目を集めるようになった。したがって、今後東海・日本海の併記がアメリカと世界中の地図製作社、地理教科書の著者に及ぼす影響力は過小評価できない。

　一方、フランスでは最も権威あるル・モンドが、2015年に発行した『世界

f-4 『世界大地図本』(2015)の日本海・東海

大地図本』でこの海域を初めて日本海・東海(MER DU JAPON/MER DE L'EST)と併記した。これまでル・モンドが出版した『世界大地図本』では、この海域に日本海が単独表記されていた。フランスの権威あるル・モンドがこの海域を日本海・東海と併記したことにより、今後フランス国内における地図製作、地理教科書及び地理付図の製作に少なくない影響を与えるだろう。ひいては、フランス語を使用する多くのフランス語圏の国々の地図製作においても、東海・日本海の併記が広がる見通しである。

　今後も、韓国と日本、そして第三国では、東海と日本海を巡る地名の対立と紛争が持続的に発生するであろう。こうした難しい問題を解決するためには、地図上に各国のアイデンティティーが宿る東海と日本海という地名を共に併記すること以外には、これといった方法がない。しかし日本は、日本海が20世紀以前に国際的に確立された唯一の呼称であり、また一つの海域に二つの海の名称を表記すると航行する船舶に混乱をもたらすという理由で反対している。

終章　終わりなき地名の物語　　289

実は、イギリスとフランスの間の海に併記されたイギリス海峡／ラ・マンシュの例にみられるように、海の名称の併記は船舶の航海に大きな問題とならない。地図上に東海・日本海が併記されるためには、それぞれの地名についての正しい歴史的、文化的理解が必要である。日本における日本海という地名は、1905年の日露戦争の結果として定着した勝利と愛国心を連想させるが、韓国において日本海という地名は、帝国主義と植民地時代の侵略、剥奪のイメージが強い。日本の一般の人々は、植民地支配の時期の日本海という呼称の問題性についての認識が殆どない。日本人は、それを植民地主義の歴史に関係する問題であることを認識することが重要である（芳井研一, 2002）。一方、韓国で東海という地名は、第二次日韓協約以降の愛国心、植民地時代の受難、そして1945年の韓国の光復と独立の象徴である。韓国人の情緒を代弁する代表的な歌は、アリランと愛国歌である。愛国歌の歌詞に出てくる東海と白頭山には、大韓民国を代表する象徴性とアイデンティティーが内包されている。韓国人の立場からは、東海と白頭山は決して「日本海」や「長白山」（白頭山の中国での呼称）に代えることができず、誰もこれらの地名を否定したり無視できない。

　したがって、国際社会において地図上に東海と日本海が単独表記されたり一つの地名が除外されると、両国国民は感情的にぶつかり合わざるを得ない。特に、韓国人の日本海という地名に対する反感と抵抗感は、日本人の東海という地名に対する感情よりも深刻である。これは、この海に位置する独島と関連付けるときに明確に現れる。韓国人の中で、独島が位置する日本海、日本海にある独島、韓国の東端の日本海、新年の初日が最も早く昇る日本海などの表現は誰も望まず、非常に抵抗感を覚えるため、突発的な行動に繋がる恐れがある。今後、世界各国の地図に東海・日本海が併記される割合が過半数まで増加すれば、日本海の単独表記という強硬な立場を取る日本政府も、国際社会の推移を認めることになるだろう（柳光哲, 2012）。

　したがって、国際社会の地図に東海・日本海が併記される割合が過半数を超えることは重要である。持続的な史料の発掘と再解釈を通じた、東海・日本海の地名に対する新たな歴史認識と広報が何よりも必要な時である。また、日本

との持続的な民間及び学術交流を通じてそれぞれの地名を互いに理解すること
になれば、対立と紛争の海は交流と協力、相互理解の海へと変わるだろう。韓
国と日本の間の不都合な海が、穏やかな海に生まれ変わることを期待する。

参考文献

韓国語文献

国土海洋部国立海洋調査院 (2010)『海洋의 境界 (S-23) 戦略計画 樹立 研究』、国立海洋調査院

金煉甲 (1998)『愛国歌 作詞者 研究』、集文堂

南相駿 (1993)『韓国近代 地理教育의 教育思潮的 理解』、地理・環境教育、1 (1)、3-28.

柳光哲 (2010)『独島問題와 東海問題의 相違点과 類似点』、独島研究저널、12、6-13.

朴旼英 (2014)『愛国과 親日、『新纂初等小学』의 二重性 – 開化期 民間編纂 教科書와의 比較를 中心으로』、우리語文研究、48、219-246.

朴賛鎬 (2012)『東海表記의 国際法的 考察 – UNCSGN 과 IHO 決議를 中心으로』、釜山大学校法学研究、53 (3)、115-141.

尚宣希 (2011)『地図에 나타난 海域名称에 대한 理解와 紛争事例 研究』、領土海洋研究、2、30-57.

徐楨哲・金仁丸 (2010)『地図 위의 戦争』、東亜日報社

徐楨哲・金仁丸 (2015)『東海는 누구의 바다인가』、金英社

崇実大学校 韓国基督教博物館 学芸팀 (2013)『옛地図 속의 하늘과 땅』、崇実大学校 韓国基督教博物館

申東立 (2015)『愛国歌 作詞者의 秘密』、知常社

沈正輔 (2007)『日本에서 日本海 地名에 관한 研究動向』、韓国地図学会誌、7 (2)、15-24.

沈正輔訳 (2009)『日本海라는 呼称의 成立과 展開』、文化歴史地理、21 (3)、157-175.

沈正輔 (2011)『東海와 韓国海 表記 主張의 考察』、東北亜歴史問題、55、18-26.

沈正輔 (2013a)『近代 韓国과 日本의 地理教科書에 나타난 東海 海域의 地名에 대한 考察』、文化歴史地理、25 (2)、37-55.

沈正輔 (2013b)『日本古地図에 表記된 東海 海域의 地名』、韓国古地図研究、5 (2)、19-32.

沈正輔訳 (2013)『地球儀의 社会史』、プルンギル

沈正輔 (2016a)『西洋에서 지볼트의 日本研究와 東海 및 独島 名称 表記』、独島研究저널、36、36-41.

沈正輔 (2016b)『乙巳勒約 前後 玄采 一家의 地理教材에 表記된 東海 地名의 変化 分析』、韓国地図学会誌、16 (2)、41-57.

沈正輔・鄭仁喆 (2011)『世界 古地図의 東海 海域에 나타난 地名 併記의 事例研究』、領土海洋研究、2、6-29.

楊普景 (2004)『朝鮮時代의 古地図에 表現된 東海 地名』、文化歴史地理、16 (1)、89-111.

芮庚熙（1974）『大韓民国 政府樹立初期의 中等学校 地理教育』、샛별、25、28-48.

李琦錫（2004）『地理学 研究와 国際機構 – 東海名称의 国際標準化와 関連하여 –』、大韓地理学会誌、39（1）、1-12.

李相泰（1995）『歴史文献上의 東海 表記에 대하여』、史学研究、50、473-485.

李勝洙・呉一煥（2010）『朝鮮時代의 東海에 대한 地理認識과 文学的 形象』、韓国地域地理学会誌、16（5）、441-456.

李迎春（2011）『歴史를 통해 본 韓国人들 生活 속의 東海』、歴史와 実学、45、65-89.

李燦（1992）『韓国의 古地図에서 본 東海』、地理学、27（3）、263-267.

任徳淳（1992）『政治地理学的 視角에서 본 東海地名』、地理学、27（3）、268-271.

全世栄（1998）『『幼年必読』에 나타난 玄采의 愛国啓蒙思想研究』、国民倫理研究、40、389-410.

鄭銀卿（1997）『開化期 玄采家의 著述・訳述 및 発行書에 関한 研究』、書誌学研究、14、303-334.

鄭仁喆（2015）『韓半島、西洋古地図로 만나다』、プルンギル

朝鮮日報（2009年9月4日付）、『国際地理学 흐름 따라 土俗地名 東海（East Sea）併記해야』、朝鮮日報社

崔起栄（1993）『韓末 教科書『幼年必読』에 関한 一考察』、書誌学報、9、97-131.

韓国文化遺産踏査会編（1994）『踏査旅行의 길잡이 3 東海・雪岳』、トルベゲ

日本語文献

青山宏夫（2007）『前近代地図の空間と知』、校倉書房

秋月俊幸（1999）『日本北辺の探険と地図の歴史』、北海道大学図書刊行会

蟻川明男（2003）『三訂版 世界地名語源辞典』、古今書院

稲葉継雄（1999）『旧韓国の教育と日本人』、九州大学出版会

織田武雄・室賀信夫・海野一隆（1975）『日本古地図大成 – 世界図編』、講談社

海野一隆（2005）『東洋地理学史研究 – 日本篇』、清文堂出版

岡田俊裕（2011a）『日本地理学人物事典〔近世編〕』、原書房

岡田俊裕（2011b）『日本地理学人物事典〔近代編1〕』、原書房

川村博忠（2003）『明治初期の文明開化と地理教育』、総合人間科学、3、19-24.

小林忠雄（1981）『ラ・ペルーズの太平洋航海記』、地図、19（1）、24-27.

佐藤淳二訳（2006）『ラペルーズ太平洋周航記 上・下』、岩波書店

高瀬重雄（1984）『日本海文化の形成』、名著出版

滝沢由美子・寺澤元一・伊藤友孝・磯部民夫・谷治正孝・渡辺浩平・KOMEDCHIKOV Nikolay N.、・青山宏夫・中村和郎・田邉裕（2009）『「日本海」呼称の起源と現狀』、

E-journal GEO、4（2）、123-133.

田邊裕（2011）『地名日本海の見方』、地理、56（1）2、8-16.

帝京大学地名研究会（2010）『地名の発生と機能－日本海地名の研究－』、帝京大学地名研究会

土浦市立博物館編（1994）『地球儀の世界』、エリート

辻原康夫（2001）『世界地図から地名の起源を読む方法』、河出書房新社

百瀬宏編（1996）『下位地域協力と転換期国際関係』、有信堂高文社

三好唯義・小野田一幸（2014a）『図説 日本古地図コレクション』、河出書房新社

三好唯義・小野田一幸（2014b）『図説 世界古地図コレクション』、河出書房新社

文部省（1972）『学制百年史』、帝国地方行政学会

山口恵一郎（1977）『地名を考える』、日本放送出版協会

谷治正孝（2002）『世界と日本における海域名『日本海』の生成・受容・定着過程』、地図、40（1）、1-12.

谷治正孝（2011）『日本における『日本海』名の受容と定着』、地理、56（1）、25-33.

芳井研一（2002）『日本海という呼称』、新潟日報事業社

渡辺造平・谷治正孝（2011）『世界における日本海名の定着過程』、地理、56（1）、35-49.

欧文文献

Federico, B., 2005, The History of the International Hydrographic Bureau, Monaco（国立海洋調査院訳、2014、『国際水路局の歴史』、国立海洋調査院）.

Lee, K., Kim, S., Soh, J., & Lee, S., 2004, East Sea in Old Western Maps, Seoul:The Korean Overseas Information Service.

Masataka, Y., 2011, "Naming of the Japan Sea in Japan until the end of 19th Century", The 17th International Seminar on Sea Names, 335-340.

Rainer, D., 2011, Wiener Beiträge zur Koreaforschung Ⅲ :Ostmeer, Wine:Praesens Verlag.

Kadmon, N., 1997, Toponymy, The lore, laws and language of geographical names.

その他

国際水路機関ホームページ（http://www.iho.int）

日本・外務省ホームページ（http://www.mofa.go.jp）

韓国・外交部ホームページ（http://www.mofa.go.kr）

地図及び写真の出典

国立中央図書館 西北彼我兩界萬里一覧之図（18世紀半ば）

国際水路機関（IHO） 第1回国際水路会議（1919）

国土地理情報院地図博物館 新訂万国全図（1810）、本邦西北辺境水陸畧図（1850）、地球万国方図（1852）、環海航路新図（1862）、亜細亜州地図（1856）、万国新図（1874）、ヨーロッパとアジアの中のロシア帝国（1785）

盧武鉉財団 日韓首脳会談（2006）

ニューシス（NEWSIS）申東立記者 尹致昊直筆の愛国歌の歌詞

丹陽・佳谷小中学校徐柱善校長 丹陽郡の小白山面改称反対横断幕（2012）

東北亜歴史財団 韓国全図（1956）、新製輿地全図（1844）、地球万国全図（1850）、大日本総界略図（1865）、日清韓三国全図（1894）、日露清韓真景地図（1894）、新しい日本地図（1745）、中国及び日本地図（1841）、新日本王国図（1747）、アジア地図（1772）、日本王国図（1794）、日本王国図（1680）、新アジア地図（1705）、ロシアとタタール地図（1786）、大清一統天下全図（1834）、アジアの昔と今日（1661）、中世以前のトルコ・タタール帝国の表現（1760）、マルコ・ポーロの旅行地図（1774）、世界地図（1805）、アジアの主要国（1842）、アジア（1646）、日本列島地図（1681）、日本王国図（1750）、中国王国と周辺地図（1769）、アジア（1827）、中国帝国図（1600）、アジア（1710）、インドと中国地図（1750）、東インド・中国・日本・フィリピン地図（1792）、新大タタール地図（1750）、教育のためのアジア地図（1819）、第1海図 中国海とタタール海探査図（1797）、第2海図 中国海とタタール海探査図（1797）

東亜日報社 東亜日報記事（1946）

釜山大学校鄭仁喆教授 アジア地図（1561）

ソウル大学校奎章閣韓国学研究院 我国総図（18世紀後半）、朝鮮日本琉球国図（18世紀後半）、『嶺南地図』慶州（1740年代）、『広輿図』蔚山府（18世紀半ば）、通川（1750年頃）、興海郡（18世紀後半）、慶尚道（18世紀後半）、茂山地図（19世紀後半）、平海郡地図（19世紀後半）、蔚山牧場地図（19世紀後半）、西北界図（18世紀半ば）、天下図地図（18世紀後半）

ソウル大学校博物館 坤輿万国全図（1708）

ソウル歴史博物館 八道総図（1530）、アジア東部地域図（1702）

西原大学校教育資料博物館 初等唱歌第六学年（1935）の日露戦争の海戦

成均館大学校中央学術情報館 新訂分道大韓帝国地図（1908）

崇実大学校韓国基督教博物館 万国全図（1845）

嶺南大学校博物館 『嶺南地図』蔚山府（18世紀半ば）

襄陽郡庁 東海神廟の龍王祭奉行（2014）

中央日報社 東海併記を要求する与党代表（2011）

ティーメッカコリア 日本列島地図（1595）

韓国海研究所李激帥所長 初版『大洋と海の境界』（1928）

岡田俊裕 (2011)『日本地理学人物事典　近世編』司馬江漢 (1747-1818)

鹿児島大学附属図書館 亜細亜洲輿地全図（1802）、亜細亜洲東方日本支那韃靼諸国図（1802）

国立公文書館 亜細亜全図（1794）、皇朝輿地全図（1794）

京都大学附属図書館 坤輿万国全図（1602）

早稲田大学図書館 両半球図（1851）、アジア（1866）

横浜市立大学学術情報センター 地球全図（1792）、坤輿全図（1802）、日本辺界略図（1809）、
　　閻浮堤図附日宮図（1829?）、新訂坤輿略全図（1852）、大日本沿海要彊全図（1854）、
　　重訂万国全図（1855）、環海航路新図（1862）

佐藤淳二訳 (2006)『ラペルーズ太平洋周航記』ラ・ペルーズの太平洋探険ルート（1785-1788）

神戸市立博物館 大輿地球儀（1855）

Wikipedia 横浜高速鉄道のみなとみらい線の路線図、北アイルランド・ティロン州・ストラ
　　バンの附近の交通表示板、マテオ・リッチ（1552-1610）、福澤諭吉（1835-1901）、三土
　　忠造（1871-1948）

東海・日本海地名年表

年度	主な出来事
BC59	韓国、金富軾による『三国史記』高句麗本紀に東海を表記
414	韓国、広開土大王陵碑文に東海を表記
720	日本、歴史書『日本書紀』で初めて北海という地名と国号の日本を表記
1530	韓国、『新増東国輿地勝覧』の八道総図に東海を表記
1561	イタリア、ジャコモ・ガスタルディによるアジア図にマンジ海（MARE DE MANGI）を表記
1570	ベルギー、アブラハム・オルテリウスによる東インドと近隣島嶼図に中国海（Mare Cin）を表記
1568	ポルトガル、ディエゴ・オーメンによる東アジア図の日本列島東側の海に日本海（Mare de Japã）を表記
1602	イタリア、マテオ・リッチによる坤輿万国全図に世界で初めて日本海を表記
1603	マテオ・リッチの坤輿万国全図が朝鮮と日本に伝来
1613	中国、昌王の四海華夷総図に東海を表記
1615	ポルトガル、マニュエル・ゴディーニョによるアジア地図に世界で初めて韓国海（MAR CORIA）を表記
1708	韓国、中国から伝来した坤輿万国全図を金振汝が模写して初めて日本海を表記
1785	フランス、ラ・ペルーズ艦船が太平洋探険に出航
1787	ラ・ペルーズ艦船の天文学者ダジュレー、西洋人として初めて鬱陵島を発見
1792	日本、司馬江漢による地球全図に初めて日本内海を表記
1794	日本、桂川甫周による亜細亜全図に初めて朝鮮海を表記
1797	フランス、『ラ・ペルーズの世界航海記』出版、航海地図に日本海（MER DU JAPON）を表記
1802	日本、稲垣子戠による坤輿全図、山村才助による亜細亜洲輿地全図と亜細亜洲東方日本支那韃靼諸国図に初めて日本海を表記
1803	ロシア、クルーゼンシュテルンが世界航海に出航
1804	クルーゼンシュテルン、日本との交流及び通商を要求
1809	ロシア、『クルーゼンシュテルンの世界航海記』出版、日本海（Море Японское）を表記
	日本、官撰日本辺界略図に朝鮮海を表記
1810	日本、官撰新訂万国全図に朝鮮海を表記
1823	シーボルト、長崎のオランダ商館に医師として赴任
1828	日本、シーボルト事件発生
1829	日本、シーボルト追放
1832	オランダ、シーボルトによる日本研究書『日本（NIPPON）』出版、翻訳版の日本辺界略図に朝鮮海が削除され日本海（Japansche Zee）を表記

1842	日本、池田東籬による越後国細見図に北海を表記
1854	日本、アメリカと日米和親条約を締結
1855	日本、官撰重訂万国全図に日本海を表記
1869	日本、最初の近代地理教科書出版、橋爪貫一による『開知新編』に北海を表記、福澤諭吉による『世界国尽』には日本海を表記
1891	韓国、最初の近代地理教科書出版、ホーマー・ハルバートによる『士民必知』に日本海を表記
1895	韓国、学部編集局による『朝鮮地誌』と『小学万国地誌』に日本海を表記
1902	韓国、朱栄煥・盧載淵による『中等万国地誌』に初めて朝鮮海を表記
1905	日本、日露戦争に勝利 日本、『官報』に初めて日本海を表記 韓国、第二次日韓協約により外交権を剥奪される
1907	韓国、統監府の関与により学部が編纂した『普通学校学徒用国語読本』地理教材に日本海を表記 韓国、玄采による国語読本『幼年必読』に朝鮮海と東海を表記 韓国、尹致昊作詞の愛国歌の最初の節に東海という地名が登場 韓国、張志淵による『大韓新地誌』に初めて大韓海を表記
1908	韓国、玄公廉による大韓帝国地図に大韓海を表記、挿図には大韓海と日本海を共に表記 韓国、玄公廉による『新訂分道大韓帝国地図』に大韓海を表記、収録アジア全図には大韓海と日本海を共に表記
1909	韓国、玄采による国語読本『新纂初等小学』の地理教材に東海を表記、収録地図には大韓海と日本海を共に表記
1910	日韓併合
1911	朝鮮総督府編纂及び検定教科書においてこの海域の名称が日本海に標準化される
1919	イギリス、第1回国際水路会議開催
1921	モナコにて国際水路局（IHB）設立、日本を含む19の加盟国により活動開始
1922	国際水路局、『大洋と海の境界』を作成するための特別理事会において日本海（Japan Sea）地名について議論
1923	国際水路局、大洋と海の境界及び海の名称を回覧形式で加盟国に諮問
1924	日本、国際水路局の回覧書信において現在の東シナ海を東海（Tung Hai）に変更するよう要求したが、日本海（Japan Sea）表記については異議を提起せず
1928	国際水路局、初版『大洋と海の境界（S-23）』完成、日本海（Japan Sea）を表記
1937	国際水路局、第2版『大洋と海の境界（S-23）』刊行、日本海（Japan Sea）を表記
1945	韓国独立
1946	韓国、韓国の全図と地理教科書に東海を表記
1948	南韓には大韓民国、北朝鮮には朝鮮民主主義人民共和国が樹立
1949	韓国、文教部検定制度に基づき東海地名を標準化
1950	朝鮮戦争開戦

1953	国際水路局、第3版『大洋と海の境界（S-23）』刊行、日本海（Japan Sea）を表記
1957	韓国、国際水路局に加盟
1967	国際水路局、国際水路機関条約を採択
1970	国際水路機関条約発効、国際水路局は国際水路機関に移行
1974	国際水路機関、併記関連の IHO 技術決議 A4.2.6 を採択
1977	国連、併記関連の国連地名標準化会議決議 III/20 を採択
1986	国際水路機関、第4版『大洋と海の境界（S-23）』草案完成、海域に対する加盟国間の調整の難航により未刊行
1989	慶北大学金泳鎬教授、日本平和学会国際シンポジウムにおいて「日本海」地名の改称の必要性を主張
1991	韓国と北朝鮮、国連同時加盟
1992	韓国と北朝鮮、第6回国連地名標準化会議において初めて日本海表記の不当性及び東海の併記を主張
	大韓地理学会、東海地名に関する地理学セミナー開催
1994	韓国、社団法人東海研究会設立
1997	韓国、第15回 IHO 総会において東海・日本海の併記を要求
2002	韓国、第16回 IHO 総会において東海・日本海の併記を要求
	韓国の主張により、国際水路機関事務局（IHB）は日本海関連ページを白紙にした第4版『大洋と海の境界』草案を全ての加盟国に送付して賛成と反対意見を打診したが、日本が草案の送付に強く反対し IHB は草案を撤回
2006	日本、帝京大学地名研究会発足
	APEC 会議の際の日韓首脳会談において盧武鉉大統領が日本の安倍晋三総理大臣に「平和の海」を提案
2007	韓国、第17回 IHO 総会において東海・日本海の併記を要求
2009	日本地理学会春季学術大会、日本海呼称の起源と現状シンポジウムを開催
2010	日本・帝京大学地名研究会、『地名の発生と機能－日本海地名の研究』を刊行及び配布
	ハンガリー地名委員会、東海の併記を勧告
2011	アメリカ、IHO に日本海単独表記意見提出、韓国の政界による是正要求
2012	オーストリア学術院、学校教科書などに東海の併記を勧告
	韓国、第18回 IHO 総会において東海・日本海の併記を要求
2014	アメリカ、バージニア州において東海・日本海併記法案が成立
	韓国、国会外交統一委員会において国際機関に東海の表記を求める決議案が可決
2015	フランス、ル・モンド社の『世界大地図本』で日本海・東海を併記
	韓国、高等学校教育課程の韓国地理に東海明記
2017	韓国、外交部ホームページに多国語による東海表記 PR 動画公開、日本政府は抗議
	韓国、国定高等学校『韓国史』教科書に東海表記問題を記述

あとがき

2002年は日韓ワールドカップ共同開催により両国間において友好関係が形成される雰囲気であったが、東海と日本海の地名問題で一時期騒がしくなった。記憶を辿れば、2002年4月の第16回国際水路機関総会において韓国は『大洋と海の境界（S-23）』に東海と日本海を併記するよう求め、8月に理事会はこの海域の部分を白紙にしたまま改訂版最終原稿を加盟国に配布して賛否投票を実施しようとした。日本のマスコミはこうした内容を大きく取り上げ、多くの日本人が東海と日本海を巡る地名問題があるということを認識するきっかけとなった。

当時、筆者は日本に留学中で、地理を専攻する者として日韓間において論争が続いている地名問題を研究してみたいと考えたが、博士号論文の準備に追われていたため、その関心を後回しにしていた。2004年に留学を終えて帰国し、これといった職場のない状態で数年を過ごした。この頃、韓国教員大学校の南相駿教授の紹介で東海研究会の李琦錫会長に出会ったことが、筆者が東海と日本海の地名研究を始めるきっかけとなった。李琦錫教授から「日本における日本海の地名に関する研究動向」を調査してみるように言われ、その内容をまとめて東海研究会国際セミナーにおいて口頭発表を行い、韓国地図学会誌（第7巻2号）に掲載した。

2008年12月から教育部傘下の東北亜歴史財団に研究委員として入社し、東海と日本海の地名問題を担当した。当時、東北亜歴史財団の金顕洙独島研究所所長（現・仁荷大学校法学専門大学院教授）は、筆者に地理を専攻したという理由で東海と独島関連の国内外の古地図を体系的に収集及び分析してアーカイブを構築するよう指示した。しかし、博物館ではなく財団で多くの費用をかけて古地図を購入することに対する予算担当職員の反対により、この業務は困難に陥った。こうした問題に直面すると、東北亜歴史財団の鄭在貞理事長、愼年晟事務総長、申吉壽国際表記名称大使は、この事業の重要性に共感してくださ

り、支援を惜しまなかった。

　在職中、200 点余りに上る東洋・西洋の古地図の原本を収集し、解題及びデジタル化作業を整理してまとめた。この業務を始めて、新しく多様な東海及び独島関連の東洋・西洋の古地図に接することは楽しいものであった。関連古地図が所蔵されている場所なら、国の内外を問わず探して回ったことを覚えている。特に、2009 年 10 月に西洋の古地図にみられる東海と独島を探してオランダとフランスの古書店街を訪れ、様々な古地図を収集したことは大きな成果であると思われる。これらの地図を中心に、東北亜歴史財団では 2010 年 3 月に国会図書館で「東海・独島古地図展」を開催し、図録『古地図にみられる東海と独島』を韓国語・英文で刊行した。そして、収集した美しい古地図を厳選して、2012 年にカレンダー「西洋の古地図にみられる東海」を完成させた。この過程において、釜山大学校地理教育科の鄭仁喆教授は、西洋の古地図の収集のために快くヨーロッパ出張に同行してくださり、古地図の解題作業にもご尽力いただいた。

　本書の第 1 章「不都合の始まりと紛争」は、主にマスコミの報道内容を中心にまとめたものである。第 2 章「韓国の伝統地名の東海」では、歴史学者と地理学者による先行研究の成果を反映させた。第 3 章「日本の伝統地名と外来地名」は、筆者の論文「日本の古地図に表記された東海海域の地名」（韓国古地図研究、第 5 巻 2 号）、「世界の古地図の東海海域にみられる地名併記の事例研究」（領土海洋研究、第 2 号）を中心に補完したものである。資料の収集過程において、兵庫教育大学の福田喜彦教授と福山市立大学の林原慎教授、そして鎌倉女子大学の正田浩由教授には大変お世話になった。また、愛媛大学の川岡勉教授と筆者の恩師である広島大学の中山修一名誉教授には、江戸時代の文献解釈においてご協力を頂いた。第 4 章「西洋において呼称された様々な外来地名」は、東北亜歴史財団に勤務していた時代に収集した古地図と、筆者の「西洋におけるシーボルトの日本研究と東海及び独島の名称表記」（独島研究ジャーナル, 36 巻）を基に整理して補完したものである。そして、第 5 章「近代の地理教育における日本海と東海」は、筆者の論文「近代日本と韓国の地理教科書にみられる東

あとがき　301

海海域の地名に関する考察」（文化歴史地理，第 25 巻 2 号）と「乙巳勒約前後の玄采一家の地理教材に表記された東海地名の変化分析」（韓国地図学会誌，第 16 巻 2 号）を再構成及び補完したものである。

これまで、東海と日本海の地名は、国家的、国際的紛争ないしトピックであったため、世界の人々にとって関心の対象であった。そこで、これらの地名については東洋・西洋の学者らによって多くの研究が行われた。しかし、まだ発掘されていない歴史的史料も相当数存在するものと思われる。研究者らによる新しい史料の発掘や再解釈などを通じて、東海と日本海の地名研究に学問的進展があることを期待している。また、正しい歴史認識により東海と日本海の地名に関する日韓間の歴史的、政治的対立が少しでも解消されることを願う想いである。

最後に、本書が出るまでには紆余曲折があった。カラー印刷による高いコストにもかかわらず出版支援を快く承諾して下さった嶺南大学校独島研究所の崔在穆所長に深く感謝している。また、長い時間にわたって資料の収集と原稿作成に陰に陽にご協力下さった方々のことも忘れられない。この原稿に対する関心と配慮のおかげで、本書が世に光を見るに至ったのである。

2017 年 1 月 23 日
未来創造館研究室にて　沈正輔

【著者略歴】

沈 正輔（シム・ジョンボ、SHIM Jeongbo）
1969年慶尚北道尚州生まれ。忠北大学校師範大学地理教育科卒業。広島大学大学院国際協力研究科（教育学博士）。果川女子高等学校教師。晋州教育大学校研究教授。東北亜歴史財団研究委員。現在西原（Seowon）大学校師範大学地理教育科教授。

地図でみる東海と日本海

紛争・対立の海から、相互理解の海へ

2018年9月25日　初版第1刷発行

著　者	沈　　正輔
	©2018 SHIM Jeongbo
発行者	大 江 道 雅
発行所	株式会社 明石書店

〒101-0021 東京都千代田区外神田6-9-5
電　話　　03（5818）1171
ＦＡＸ　　03（5818）1174
振　替　　00100-7-24505
http://www.akashi.co.jp

装丁　　　明石書店デザイン室
組版　　　株式会社三冬社
印刷・製本　モリモト印刷株式会社

（定価はカバーに表示してあります）　　　　　　　　ISBN978-4-7503-4721-9

地図でみる日本の女性
武田祐子、木下禮子編著
◎2000円

地図でみる日本の健康・医療・福祉
中澤高志、若林芳樹、神谷浩夫、由井義通、矢野桂司著
宮澤仁編著
◎3700円

地図でみる世界の地域格差　都市集中と地域発展の国際比較
OECD地域指標2016年版
OECD編著　中澤高志監訳
◎5500円

ユネスコ世界記憶遺産と朝鮮通信使
仲尾宏、町田一仁共編
◎1600円

検定版 韓国の歴史教科書　高等学校韓国史
世界の教科書シリーズ39
イ・インソクほか著
三橋広夫・三橋尚子訳
◎4600円

交流史から学ぶ東アジア　食・人・歴史でつくる教材と授業実践
高吉嬉、國分麻里、金玹辰編著
◎1800円

日韓共通歴史教材 学び、つながる　日本と韓国の近現代史
日韓共通歴史教材制作チーム編
◎1600円

現代韓国を知るための60章【第2版】
エリア・スタディーズ6　石坂浩一、福島みのり編著
◎2000円

ヨーロッパからみた独島　フランス・イギリス・ドイツ・ロシアの報道分析
舘野皙著
◎5800円

独島・鬱陵島の研究　歴史・考古・地理学的考察
関有基、崔在熙、崔豪根、閔庚鉉著
洪性徳、保坂祐二、朴三憲、呉江原、任徳淳著
朴智泳監訳　韓春子訳
◎5500円

高句麗の政治と社会
東北亜歴史財団編　田中俊明監訳
篠原啓方訳
◎5800円

高句麗の文化と思想
東北亜歴史財団編　東潮監訳
篠原啓方訳
◎8000円

古代環東海交流史1　高句麗と倭
東北亜歴史財団編　羅幸柱監訳
橋本繁訳
◎7200円

古代環東海交流史2　渤海と日本
東北亜歴史財団編　羅幸柱監訳
橋本繁訳
◎7200円

渤海の歴史と文化
東北亜歴史財団編　濱田耕策監訳
赤羽目匡由、一宮啓祥、井上直樹、金出地崇、川西裕也訳
◎8000円

朝鮮王朝儀軌　儒教的国家儀礼の記録
韓永愚著　岩方久彦訳
◎15000円

〈価格は本体価格です〉